Walter Gaigg

Ansatzschnäpse

Walter Gaigg

Ansatzschnäpse
Liköre und Kräuterweine

2. Auflage

Leopold Stocker Verlag
Graz – Stuttgart

Umschlaggestaltung:
DSR Werbeagentur Rypka GmbH, 8143 Dobl/Graz, www.rypka.at
Titelbild: Mona Lorenz, Gmunden

Bildnachweis: Mona Lorenz, Gmunden (21); Ute Gaigg, Spital a. P. (4); Sophie Meys, Köln (1); Clemens Arvay, Güssing (1). Die restlichen Bilder wurden freundlicherweise vom Autor zur Verfügung gestellt.

Der Inhalt dieses Buches wurde vom Autor und vom Verlag nach bestem Gewissen geprüft, eine Garantie kann jedoch nicht übernommen werden. Die juristische Haftung ist ausgeschlossen.

Bibliografische Information Der Deutschen Bibliothek
Die Deutsche Bibliothek verzeichnet diese Publikation in der Deutschen Nationalbibliografie; detaillierte bibliografische Daten sind im Internet unter http://dnb.ddb.de abrufbar.

Hinweis: Dieses Buch wurde auf chlorfrei gebleichtem Papier gedruckt. Die zum Schutz vor Verschmutzung verwendete Einschweißfolie ist aus Polyethylen chlor- und schwefelfrei hergestellt. Diese umweltfreundliche Folie verhält sich grundwasserneutral, ist voll recyclingfähig und verbrennt in Müllverbrennungsanlagen völlig ungiftig.

Auf Wunsch senden wir Ihnen gerne kostenlos unser Verlagsverzeichnis zu:
Leopold Stocker Verlag GmbH
Hofgasse 5 / Postfach 438
A-8011 Graz
Tel.: +43 (0)316/82 16 36
Fax: +43 (0)316/83 56 12
E-Mail: stocker-verlag@stocker-verlag.com
www.stocker-verlag.com

ISBN 978-3-7020-1288-5
Alle Rechte der Verbreitung, auch durch Film, Funk und Fernsehen, fotomechanische Wiedergabe, Tonträger jeder Art, auszugsweisen Nachdruck oder Einspeicherung und Rückgewinnung in Datenverarbeitungsanlagen aller Art, sind vorbehalten.
© Copyright by Leopold Stocker Verlag, Graz 2010; 2. Auflage 2013
Layout und Repro: DSR Werbeagentur Rypka GmbH, 8143 Dobl/Graz
Druck: Gorenjski tisk, Kranj – Slowenien

Inhalt

Vorwort ... 9
Einleitung ... 12
   Ansatzschnäpse – Geiste oder Liköre? ... 13
Zubereitung von Ansatzschnäpsen ... 14
   Geräte ... 14
      Benötigt werden ... 14
   Ansetzalkohol ... 16
      Wie stark soll ein Ansatzschnaps (-likör) sein? ... 17
   Was kann angesetzt werden? ... 19
   Vorbereitung der Ansatzfrüchte ... 20
   Sonne oder Schatten beim Ansetzen? ... 20
   Zuckerzusatz ... 21
   Gewürzzugabe ... 24
   Das Filtrieren des Ansatzes ... 24
      Pektinabsonderungen ... 25
   Flaschenverschlüsse ... 25
   Die Lagerung der Ansatzschnäpse ... 26
   Geschenkflaschen und Präsentation ... 26
Anleitungen zur Weinbereitung ... 29
   Geräte ... 29
   Das Ausgangsmaterial ... 30
   Die Gärung ... 31
      Gärrohr ... 31
      Gärspund ... 31
      Gärverlauf und Gärzeit ... 32
   Abziehen des Weines ... 32
   Vorbereitung der Flaschen ... 32
   Flaschenverschlüsse ... 33
   Lagerung des Weines ... 33
   Lagerdauer ... 34
Sektbereitung (Schaumweinbereitung) ... 35
      Öffnen der Sektflaschen ... 37
Rezeptteil ... 38
   Beschreibung der verwendeten pflanzlichen Ausgangsprodukte ... 38
   Ackerdistel ... 39
      Ackerdistelgeist ... 39
   Apfel ... 40
      Apfelkorn ... 40
   Echter Alant ... 42
      Alantansatz ... 42
   Berberitze ... 43
      Berberitzengeist ... 43
   Blutwurz oder Tormentill ... 44
      Blutwurzgeist ... 44

Rotbuche	46
Buchenlikör	46
Bucheckerngeist	46
Brombeere	47
Brombeerlikör	48
Kornelkirsche	50
Dirndllikör	50
Walderdbeere	51
Erdbeerlikör	51
Erdbeerlikör aus Garten-(Ananas-)Erdbeeren	52
Engelwurz	53
Engelwurzgeist	53
Gelber Enzian	55
Enziangeist	55
Estragon	57
Estragonlikör	57
Fichte	58
Fichtenwipferlgeist	58
Fichtenblütenlikör	59
Hecken- oder Hundsrose	60
Hagebuttenlikör	60
Hagebuttenwein	62
Haselnuss	63
Haselnussgeist	63
Heidelbeere	64
Heidelbeerlikör	64
Heidelbeerwein	66
Mispel (Hesperl)	67
Hesperlgeist	67
Himbeere	68
Himbeerlikör	68
Schwarzer Holunder	70
Holunderlikör aus Blüten	70
Holunderlikör aus Früchten	71
Hollerwein	72
Hollersekt	72
Hopfen	74
Hopfengeist	74
Huflattich	75
Huflattichgeist	75
Johannisbeere	76
Johannisbeer-(Ribisel-)Likör	76
Johannisbeer-(Ribisel-)Wein	77
Jostabeere	78
Jostalikör	78
Kalmus	79
Kalmusbitter	79
Kletzenbirne	80
Kletzenlikör (-geist)	80
Kräuterbitter	82

Inhalt

Meisterwurz ... 85
   Meisterwurzgeist ... 85
Mirabellen (Kriecherln) ... 86
   Kriecherlgeist ... 86
Kümmel ... 87
   Kümmellikör ... 87
Latsche ... 90
   Latschengeist ... 90
Lärche ... 91
   Lärchengeist ... 91
Liebstöckel ... 92
   Liebstöckelgeist ... 92
Linde ... 93
   Lindenblütengeist ... 93
Löwenzahn ... 94
   Löwenzahnlikör ... 94
   Löwenzahnwein ... 94
Marille ... 96
   Marillen-(Aprikosen-)Likör ... 96
Nuss- oder Walnussbaum ... 98
   Nussgeist aus grünen Nüssen ... 98
   Nussgeist aus reifen Früchten (Nusskernen) ... 99
Echte Nelkenwurz ... 101
   Nelkenwurzgeist ... 101
Pappel ... 102
   Pappelgeist ... 102
Pfefferminze ... 103
   Pfefferminzlikör ... 103
Pfirsich ... 104
   Pfirsichlikör ... 104
Preiselbeere ... 105
   Preiselbeerlikör ... 105
Quitte ... 107
   Quittengeist ... 107
Rhabarber ... 108
   Rhabarberlikör ... 108
Robinie oder Falsche Akazie ... 109
   Robiniengeist ... 109
Rotklee ... 110
   Rotkleelikör ... 110
Sanddorn ... 111
   Sanddornlikör ... 111
Schafgarbe ... 112
   Schafgarbengeist ... 112
   Schafgarbensekt ... 112
Schlehdorn ... 114
   Schlehenlikör ... 114
Schlüsselblume ... 117
   Schlüsselblumengeist ... 117
Spitzwegerich ... 118
   Spitzwegerichlikör ... 118

Stachelbeere 119
  Stachelbeergeist 119
Taubnessel 120
  Taubnessellikör 120
Tausendguldenkraut 121
  Tausendguldenkrautansatz 121
Wilder Thymian 122
  Thymiangeist 122
Vogelbeerbaum 123
  Vogelbeerlikör 123
  Vogelbeermarmelade 124
Vogelkirsche 126
  Vogelkirschlikör 126
Wacholder 128
  Wacholdergeist 128
Waldmeister 129
  Waldmeisterlikör 129
  Waldmeisterbowle 129
Weichsel oder Sauerkirsche 130
  Weichsellikör 130
  Kornweichseln 132
  Kirschlikör 132
Weinraute 133
  Weinrautengeist 133
Weissdorn 134
  Weissdornlikör 134
  Weißdornlikör aus Früchten 134
Birne 135
  Williamsbirne in der Flasche 135
Zirbe oder Arve 139
  Zirbengeist 139
Zwetschke 141
  Zwetschkenlikör 141
  Zwetschkenlikör aus Dörrpflaumen 141
„Klassiker" 143
  Eiercognac 143
  Eierlikör 143
  Kaffeelikör 143
  Bierlikör 144
  Rotweinlikör 144
  Schlagoberslikör (Sahnelikör) 146
  Schokoladenlikör 147
  Zitronenlikör 147
  Orangenlikör 149

Literaturverzeichnis 151

Vorwort

In diesem Buch wird meine nun schon 15 Jahre währende Erfahrung im Ansetzen von Schnäpsen und im Zubereiten von diversen Frucht- und Kräuterweinen zusammengefasst und weitergegeben.

Über Likörbereitung an sich wurde schon viel geschrieben, und es gibt auch zahlreiche Bücher darüber. Für meine Begriffe waren die jeweiligen Rezepturen aber meist viel zu „exotisch", und wenn bodenständige Zutaten verwendet wurden, kamen meist zuviel Gewürze und Zucker hinzu, die den eigentlichen Geschmack des Ausgangsproduktes zu stark überdeckten.

So fasste ich den Entschluss, nur reife Früchte oder würzige Kräuter – ohne viele Zutaten – anzusetzen. Wenn mir das Ergebnis nicht ganz behagte, verbesserte ich den Ansatz im nachhinein durch verschiedene Beigaben.

Die hier angeführten Rezepte lassen jede Variationsmöglichkeit offen und sollen dazu anregen, eigene Geschmacksideen einzubringen und zu testen. Dabei sollte immer darauf geachtet werden, dass der ursprüngliche Geschmack des Ausgangsproduktes erhalten bleibt.

Ich beschreibe fast ausschließlich Ansatzschnäpse, die aus heimischen Pflanzen gewonnen werden. Bei den wenigen echten „Likören" handelt es sich um Klassiker, die in ein Buch dieser Art einfach aufgenommen werden mussten, wie z. B. den Eierlikör.

Ob Sie mit Ihren „hausgemachten" Schnäpsen, Likören und Weinen Erfolg haben, wird sich aus dem Lob (oder Tadel) Ihrer „Verkoster" erweisen, denen Sie Ihre Spezialitäten servieren. Und bedenken Sie eines: Es ist noch kein Meister vom Himmel gefallen!

In den letzten Jahren habe ich mich etwas mehr mit der Bereitung von Bitterlikören beschäftigt und bin dabei auf manch interessante Bitterwurzel gestoßen, die auch „solo" sehr gute Ansatzschnäpse liefert. Zusätzlich wurden in dieser Auflage auch die so genannten Klassiker erweitert. Sie finden in dieser überarbeiteten Auflage über 15 neue Rezepte.

Viel Vergnügen und gutes Gelingen wünscht Ihnen

Walter Gaigg, Frühjahr 2010

Ansatz	\multicolumn{9}{c}{Ansetzzeit}
	März	April	Mai	Juni	Juli	August	Sept.	Okt.	Nov.
Ackerdistel				●					
Alant						●	●	●	●
Apfel							●	●	●
Berberitze							●	●	
Blutwurz						●	●	●	●
Buche		●	●						
Brombeere						●	●		
Dirndl						●	●		
Engelwurz				●	●	●	●	●	
Enzian							●	●	●
Erdbeere				●	●				
Estragon			●	●	●	●			
Fichte		●	●						
Hagebutte							●	●	●
Haselnuss						●	●		
Heidelbeere					●	●			
Himbeere					●	●			
Holunder			●	●		●	●		
Hopfen						●	●		
Huflattich	●								
Johannisbeere				●	●				
Josta				●	●				
Kalmus			●	●	●	●	●	●	●
Kirsche				●	●				
Kümmel	●	●	●	●	●	●			
Latsche			●	●	●	●			
Lärche			●	●	●				
Liebstöckel				●	●	●	●	●	
Linde				●	●				
Löwenzahn		●							
Marille					●	●			
Meisterwurz						●	●	●	●
Mirabelle					●	●			
Mispel								●	●

Ansatzschnäpse

Ansatz	\multicolumn{9}{c}{Ansetzzeit}

Ansatz	März	April	Mai	Juni	Juli	August	Sept.	Okt.	Nov.
Nelkenwurz				■	■	■	■		
Nuss				■	■		■	■	■
Orange	■						■	■	■
Pappel		■							
Pfefferminz			■	■	■	■	■		
Pfirsich					■	■	■		
Preiselbeere							■	■	
Quitte								■	
Rhabarber			■	■	■				
Robinie			■	■					
Rotklee			■	■	■	■			
Sanddorn						■	■	■	■
Schafgarbe				■	■	■			
Schlehe								■	■
Schlüsselblume	■	■							
Spitzwegerich			■	■	■				
Stachelbeere					■				
Taubnessel			■	■					
1000-Guldenkraut				■	■	■			
Thymian				■	■	■			
Vogelbeere							■	■	■
Vogelkirsche				■	■				
Wacholder						■	■	■	■
Waldmeister			■						
Weichsel				■	■				
Weinraute				■	■	■			
Weißdorn		■							
Williamsbirne							■		
Kletzenbirne	■	■	■	■	■	■	■	■	■
Zirbe				■					
Zitrone	■						■	■	■
Zwetschke						■	■	■	
Dörrzwetschke	■	■	■	■	■	■	■	■	■

Einleitung

In manchen Büchern über Schnaps- und Weinbereitung wird der medizinische Wert der jeweiligen Früchte, Kräuter und Wurzeln stark betont. Davon habe ich in diesem Buch Abstand genommen, zumal ich weder Apotheker noch Drogist oder Kräuterpfarrer bin. Abgesehen davon scheint es mir zweifelhaft, ob Alkohol mit Gesundheit in Verbindung gebracht werden soll, obwohl es auch hier, wie bei vielen anderen Dingen, nur auf die Dosis ankommt.

Nein, die Bereitung dieser Getränke soll einfach Spaß machen, und Sie sollen Ihre Freude am Genuss der selbst gemachten Köstlichkeiten haben. Dafür werden Sie auch gerne Lob – oder auch manche Kritik – entgegennehmen. Die Geschmäcker sind nun einmal verschieden und Verbesserungen immer wieder möglich.

> Wer sich mit dem Ansetzen von Likören und Schnäpsen befasst, sollte sich auch in der Botanik ein wenig auskennen. Es ist überaus wichtig und bereitet große Freude, die richtigen Zutaten zum richtigen Zeitpunkt selbst zu ernten.

Bei manchen Gewürzen, Kräutern oder Wurzeln, die Sie persönlich nicht kennen, ist es aber angeraten, diese in der Apotheke zu besorgen. Auch bei unter Naturschutz stehenden Pflanzen sollten Sie den Weg in die Apotheke nicht scheuen, denn dort werden Pflanzen (und Pflanzenteile) verkauft, die eigens dafür angebaut und geerntet wurden.

So Sie einmal mit dem Ansetzen von Schnäpsen begonnen haben, wird Ihr Entdeckergeist geweckt werden und Sie möchten den Geschmack von immer anderen Früchten oder Kräutern im Alkohol konservieren und ausprobieren. Dabei dürfen unbedingt nur Pflanzen und Früchte verwendet werden, die keine Giftstoffe enthalten. Abgesehen davon sind Ihrer Fantasie keine Grenzen gesetzt. Auch ich habe mir vorher ganz gewiss nicht vorstellen können, dass etwa angesetzte Blätter der Rotbuche durchaus gut schmecken.

Ansatzschnäpse – Geiste oder Liköre?

Gesetzliche Bestimmungen regeln, wie die einzelnen Getränke benannt werden müssen; dies hängt hauptsächlich von deren Zuckergehalt ab. Das spielt aber nur dann eine Rolle, wenn Sie die selbst hergestellten Getränke verkaufen wollen. In diesem Fall müssen auch andere Bestimmungen (wie z. B. für die Etikettierung) eingehalten werden, die bei den dafür zuständigen oder beratenden amtlichen Stellen zu hinterfragen sind.

Wenn Sie aber die selbst hergestellten Getränke nur für den Eigenbedarf oder als Geschenke verwenden, ist es gleichgültig, ob Sie das eine Ansatzgetränk „Geist" und das andere „Likör" nennen.

Auch in diesem Buch erfolgte die Namensgebung gefühlsmäßig und willkürlich. Da Ihnen nach meinen Rezepten freigestellt wird, wie viel Zucker Sie schlussendlich verwenden, kann es durchaus vorkommen, dass Sie am Beginn der Verkostung des Ansatzes – rein gesetzlich – mit einer „Spirituose" beginnen und, da Ihnen das Getränk erst sehr süß schmeckt, als Endprodukt ein „Likör" herauskommt.

> Bei Herstellung für die Vermarktung der Ansätze sind die jeweils gültigen gesetzlichen Bestimmungen einzuhalten!

> Der Unterschied liegt, wie erwähnt, nur im Zuckergehalt.

Aber für manche Ansatzgetränke eignet sich eben einfach die Bezeichnung „Geist", für manche andere wieder „Likör" besser.

Zubereitung von Ansatzschnäpsen

Geräte

Ansetzalkohol

Was kann angesetzt werden?

Vorbereitung der Ansatzfrüchte

Sonne oder Schatten beim Ansetzen?

Zuckerzusatz

Gewürzzugabe

Das Filtrieren des Ansatzes

Flaschenverschlüsse

Die Lagerung der Ansatzschnäpse

Geschenkflaschen und Präsentation

Für das Herstellen von Ansatzschnäpsen werden nur einfache Geräte und Zutaten benötigt, und mit einigen wenigen botanischen Kenntnissen über die betreffenden Pflanzen macht das Ganze erst so richtig Freude.

Geräte

An Geräten werden für die Ansatzschnapsbereitung eigentlich nur solche benötigt, die es in jedem Haushalt gibt.

> Es ist jedoch darauf zu achten, dass sie nicht aus reinem, unedlem Metall bestehen, da es durch die Berührung mit den Fruchtsäuren oder mit Alkohol zu metallischem Geschmack oder aber, bei längerem Kontakt, auch zu Verfärbungen kommen könnte.

Somit dürfen nur emailliertes Kochgeschirr, solches aus Edelstahl oder feuerfestem Glas sowie Geräte aus Kunststoff, Edelstahl oder Holz verwendet werden.

Benötigt werden:

- ein **Plastiksieb**

Darin werden die Früchte oder Kräuter gewaschen und anschließend wieder getrocknet. Am besten hat sich ein sogenanntes „Schleudersieb" bewährt, wie es für gewöhnlich zum Waschen des Salates verwendet wird. Jedes andere Kunststoffsieb ist aber ebenfalls geeignet;

Zubereitung von Ansatzschnäpsen

- eine oder mehrere große, weithalsige **Flaschen** oder große **Glasgefäße**, die gut verschließbar sein sollten – ihre Größe und Anzahl richten sich nach der Menge des Ansatzes. Sie müssen selbstverständlich sauber und geruchfrei sein, damit der Geschmack des Ansatzes nicht negativ beeinflusst wird. Geeignet sind Flaschen, „Plutzer" und „Ballons", aber auch große Gurkengläser. Die Halsöffnung sollte so groß sein, dass ein problemloses Befüllen und Entleeren mit Früchten möglich ist. Glas ist deswegen optimal, da der Ansatz am einfachsten beobachtet und überwacht werden kann;

Erforderliche Geräte sind meist schon vorhanden.

- ein ca. 1 ½ m langer **Gummischlauch** mit ca. 1 cm Durchmesser zum Abziehen des klaren Ansatzes, was das spätere Filtrieren enorm erleichtert.

  Um eine Flüssigkeit über einen Schlauch abzusaugen, muss diese höher stehen als das Auffanggefäß. Das eine Ende des Schlauches wird in die Flüssigkeit, die abgesaugt werden soll, gehalten; am anderen Ende wird durch Saugen ein Unterdruck erzeugt. Dieses Schlauchende wird rasch in das Auffanggefäß gegeben, und von nun an geht alles von selbst. Die Fließgeschwindigkeit kann durch Zusammendrücken des Schlauches gesteuert werden.

Nur die klare Flüssigkeit wird abgezogen! Der trübe Teil des Ansatzes wird anschließend eigens aufgefangen und gesondert filtriert.

Geräte für die Ansatzschnapsbereitung sind in jedem Haushalt zu finden

- ein **Filter** zum Filtrieren der Ansätze. Die Filtertüten müssen öfter gewechselt werden, da sie meist relativ rasch verstopft sind. Es gibt verschiedene Feinheitsgrade; für unsere Zwecke reichen die gröbsten. Für kleinere Mengen sind nur Kaffeefilter erforderlich;
- ein **Trichter** (möglichst aus Kunststoff) zum Abfüllen des Ansatzes in die Flaschen;
- **Flaschen** (für die Lagerung)
  Am besten eignen sich hiezu jene Flaschen, aus denen der Ansatzalkohol stammt. Da sich bei den meisten Rezepten die Flüssigkeitsmenge nicht vergrößert, reichen sie völlig.
- ein **Filzstift** und **Selbstklebeetiketten** zum Beschriften und Kennzeichnen der Flaschen;
- **schöne Flaschen**, in denen die Getränke verschenkt oder verkauft werden können. Sie sind meist die einzigen Gerätschaften, die eigens zugekauft werden müssen.

Ansetzalkohol

Welcher Alkohol zum Ansetzen genommen werden soll, ist – zumindest für mich – keine Streit-, sondern nur eine Geschmacks- und Preisfrage.

> Allerdings muss der Ansetzalkohol von sehr guter Qualität sein, denn aus einem minderwertigen Produkt lässt sich ganz gewiss kein erstklassiger Likör etc. bereiten.

Ansatzschnaps sollte geschmacksneutral sein.

In den meisten überlieferten älteren Rezepten wird 96%iger Weingeist (Alkohol) empfohlen, da damit die Früchte stärker und besser ausgelaugt werden. Andere wiederum empfehlen starken Obstbrand.

Ich verwende am liebsten Kornbrand mit 38–42 %vol. Alkohol, und zwar aus folgenden Gründen:

- Kornbrand ist geschmacksneutral; er beeinflusst und verändert das eigentliche Aroma der angesetzten Früchte nicht.
- Bei einem Alkoholgehalt von 38–42% wird das Endprodukt nicht allzu stark und muss daher nicht mit Wasser verdünnt werden.
- Ich konnte nicht feststellen, dass die Früchte oder Kräuter nicht hinreichend ausgelaugt würden.
- Ist ein Ansatz zu intensiv geworden, was bei einigen – vor allem bitteren – Likören passieren kann, so wird diese Intensität ganz einfach durch Nachfüllen von Korn verdünnt.

Werden andere Brände genommen, so sollte der meist vorhandene Eigengeschmack mit jenem der Ansatzfrüchte abgestimmt werden. Es ist aber schade, wenn etwa Kirschen in Kirschbrand oder Williamsbirne in Birnenbrand angesetzt werden. Der Geschmack sollte ja schon vorhanden sein, also wäre es nicht zweckmäßig, denselben Geschmack nochmals zuzusetzen.

Am besten eignet sich, neben dem Korn, ein guter Obstbrand, da dieser ebenfalls relativ neutral schmeckt.

Für ganz feine Aromen Weinbrand verwenden!

Für manches sehr zarte Aroma empfiehlt sich ein ganz erstklassiger Weinbrand oder Cognac, da er milder und runder schmeckt. Er ist besonders für stark duftende Früchte, wie Walderdbeere oder Waldhimbeere, geeignet.

Bei einigen Ansätzen kann es erforderlich sein, dass ein Schuss Rum oder Weinbrand zur Geschmacksabrundung beigegeben wird.

Zubereitung von Ansatzschnäpsen

> Wird der Ansatz mit 96%igem Weingeist durchgeführt, so ist es selbstverständlich notwendig, ihn nach Ablauf der Ansatzzeit zu verdünnen.

Am besten eignet sich hiezu destilliertes Wasser, da es bei der Verwendung von normalem Leitungswasser zu Ausfällungen und Trübungen kommen kann.

Meinen Erfahrungen zufolge entwickelt sich der Geschmack der Liköre oder Schnäpse durch Verdünnung mit Wasser nicht so rund und harmonisch wie beim Ansetzen mit Kornbrand. Bewährt hat sich 96%iger Weingeist jedoch bei der Likörbereitung mit Fruchtsäften oder wenn mit größeren Flüssigkeitsmengen gearbeitet wird.

Wie stark soll ein Ansatzschnaps (-likör) sein?

Da es bei diesen Getränken nicht auf die Stärke, sondern nur auf die Güte und Harmonie des Geschmacks ankommt, reicht ein Alkoholgehalt von 30–40 % vollkommen aus. Bei dieser Stärke sind auch die Haltbarkeit und Lagerfähigkeit der Ansätze gewährleistet. Der genaue Alkoholgehalt lässt sich nur durch eine Analyse feststellen, da die Menge der Verdünnungsflüssigkeit sonst nie genau festgestellt werden kann. Es ist schwierig, abzuschätzen, wie viel Flüssigkeit der Ansatzbrand den Früchten entzogen hat und – umgekehrt – wie viel Alkohol in ihnen verblieben ist.

Nicht unter 25 % Alkohol! Haltbarkeit!

> **Achtung!**
>
> **Die genaue Kenntnis um die Höhe des Alkoholgehaltes spielt jedoch eine Rolle, wenn das Produkt verkauft werden soll, denn bei der Gehaltsangabe sind nur Abweichungen bis zu 0,3 %vol. zulässig.**

Beim Verkauf des Ansatzschnapses sind auch die anderen gesetzlichen Auflagen betreffend Alkoholgehalt, Namensgebung und Deklaration der Inhaltsstoffe einzuhalten.

Was kann angesetzt werden?

Abgesehen von den „klassischen" Likören, bei denen Eier, Schokolade oder auch z. B. Bier verwendet werden, sind für die Ansatzschnapsbereitung geeignet:

- **Früchte**
  Geeignet sind alle Früchte, die einen genügend hohen Zuckergehalt, aber auch einen nicht zu niedrigen Säuregehalt aufweisen. Die in diesem Buch genannten Früchte erheben keinerlei Anspruch auf Vollzähligkeit, denn es gibt gewiss noch viele andere Kultur-, aber auch Wildfrüchte, die nur darauf warten, für Ansatzschnäpse verwendet zu werden.

- **Kräuter**
  Hier verweise ich auf die gesamte Palette der Küchenkräuter, aber auch auf viele wild wachsende, von denen ebenfalls noch etliche für die Likörbereitung zu entdecken wären.

- **Blätter und Nadeln**
  Es sind in diesem Zusammenhang alle heimischen Nadelbäume zu erwähnen, deren frische Triebe für Ansätze verwendet werden können – mit Ausnahme der giftigen Eibe! Aber auch die zarten Blätter mancher Laubbäume sind für unsere Zwecke geeignet.

- **Knospen**
  z. B. für den Pappellikör.

- **Zapfen**
  Im Jugendstadium von allen heimischen Nadelgehölzen.

- **Wurzeln**
  Von ihnen werden einige besonders bei der Bitterlikörbereitung verwendet.

- **Samen**
  Sehr oft werden diese nur als Geschmacksverstärker oder in Kombination mit anderen Ansatzzutaten verwendet. Wie aber am Beispiel Kümmellikör zu sehen ist, können sie auch alleine Anwendung finden.

- **Blüten**
  z. B. Holunder, Löwenzahn, Weißdorn. Werden nur die Blütenblätter verwendet, so ist das Sammeln meist etwas mühsam. Fast alle Blüten, aber auch manche Früchte (z. B. Erd- und Himbeere) sollten möglichst in einer regenfreien Zeit gesammelt werden, da sie nur dann ihr volles Aroma entwickelt haben.

Es gibt immer noch „Neuentdeckungen"!

Die Palette von Pflanzen und Pflanzenteilen, die sich für unsere Zwecke eignen, ist somit sehr groß, ganz abgesehen von noch vielen anderen heimischen Kräutern, Bäumen und Sträuchern, die, wie erwähnt, nur darauf warten, für die Ansatzschnapsbereitung entdeckt zu werden. Aber bitte Vorsicht: Probieren Sie nur jene aus, die keine gesundheitsschädlichen Substanzen enthalten!

Vorbereitung der Ansatzfrüchte

Vorbereitung der Früchte (hier Hagebutten)

Die Früchte oder Kräuter für den Ansatz müssen gesund, sauber und, wenn möglich, zur Gänze ausgereift sein, denn nur vollreife Früchte erbringen das volle Aroma.

Bei den meisten der verwendeten Früchte und Kräuter ist eine Zerkleinerung nicht notwendig. Dies hat auch den Vorteil, dass das Filtrieren nach der Ansetzzeit viel einfacher durchgeführt werden kann, da sich nicht so viel Trubbestandteile gebildet haben, die die Filterporen sehr schnell verlegen könnten.

Bei Früchten, die nach dem Ansetzen weiterverwendet werden sollen – wie etwa Kirschen oder Weichseln –, ist es ratsam, diese zu entkernen.

Bei Kräutern, wie etwa Estragon, wird ein ganzer Zweig genommen, der sich nach dem Ansetzen leicht wieder aus dem Ansetzalkohol entfernen lässt. Dies erspart das sonst notwendige Filtrieren. Wurzeln sind in kleine Stücke oder Scheiben zu schneiden. Sie haben meist eine sehr bittere Würzwirkung, und in kleinen Stücken gelingt die Dosierung besser.

Auch bei den meisten Gewürzen ist es nicht notwendig, sie eigens zu zerkleinern. Sie geben auch so ihr Aroma an den Ansatzschnaps weiter.

Sonne oder Schatten beim Ansetzen?

Bei vielen althergebrachten Rezepten wird immer wieder der genaue Aufstellungsort des Angesetzten angegeben, ohne dass dafür eine Begründung genannt wird. Dennoch hat dies seine ganz bestimmten praktischen Gründe. Bei den Ansatzschnäpsen werden ja die verschiedensten Pflanzen und Pflanzenteile verwendet, die alle eine unterschiedliche Farbe an

Zubereitung von Ansatzschnäpsen

Idealer Aufstellplatz – warm, hell, aber nicht sonnig

den Ansatzschnaps abgeben. Es gibt aber Farbstoffe, die nicht UV-stabil sind, wie einige zarte Fruchtfarben oder das Grün der Minze bzw. des Spitzwegerichs und anderer Pflanzen. Werden sie zu lange dem Sonnenlicht ausgesetzt, so werden sie unansehnlich und verfärben sich braun.

> **Faustregel**
>
> **Alle Ansätze aus Zapfen, Wurzeln und Gewürzen sind sonnenverträglich. Alle Ansätze, die eine schöne grüne, rote oder gelborange Färbung aus Früchten bekommen sollen, bleiben lieber im Schatten stehen.**

Dazu muss noch gesagt werden, dass das „In-die-Sonne-stellen" eher nur den Zweck hat, den Ansatzschnaps stark zu erwärmen. Dies lässt sich aber auch in einer Wohnung erreichen, indem die Ansätze im Raum immer in der Höhe (z. B. auf einem Schrank) postiert werden, da es dort wärmer ist. Wärme ist insofern wichtig, als warme Lösungen mehr Inhaltsstoffe aufnehmen können als kalte. Das bedeutet: Warme Ansatzschnäpse laugen das angesetzte Gut besser aus.

Die Temperatur ist für die Auslaugung sehr entscheidend.

Zuckerzusatz

Unter „Likör" stellt sich jedermann ein süßes „Damengetränk" vor. „Likör" muss aber nicht süß sein (außer nach dem Gesetz)! Es mag Sie überraschen, aber bei vielen Früchten reicht der natürliche Zuckergehalt aus,

Ansatzschnäpse sollten nie zu süß sein!

um den Ansatz hinreichend zu süßen. Auch ist es wesentlich bekömmlicher, wenn das Getränk nicht zu süß ist, und der ursprüngliche Geschmack kommt viel besser zum Tragen.

Bei manchen Ansätzen ist eine Zuckerzugabe allerdings unerlässlich. Die Menge hängt stark vom Reifegrad der verwendeten Früchte ab. Zucker kann auf verschiedene Weise zugegeben werden:

- **Zuckerzugabe direkt zum Ansatz**

Ein Nachsüßen ist immer möglich.

  Dies ist am einfachsten. Es ist aber eine gewisse Vorsicht bei der Dosierung geboten, da eine spätere Korrektur des Süßigkeitsgrades nach unten nur mehr durch Verdünnen möglich ist, was jedoch den Geschmack beeinträchtigt. Nach meinen Erfahrungen neigt fast jeder dazu, zuviel Zucker zu nehmen, da die Süßkraft der Ansatzfrucht unterschätzt wird.

- **Zuckerzugabe nach dem Ansetzen**

  Bei manchen Ansatzschnäpsen genügt es, wenn nach Ablauf der Ansatzzeit, am besten gleich nach dem Filtrieren, durch einfache Zuckerzugabe gesüßt wird. Meist werden nur einige Kristalle Kandiszucker nötig sein. Diese erfordern aber eine gewisse Zeit, um sich aufzulösen.

- **Zuckerzusatz nach dem Ansetzen – in Wein aufgelöst**

  Die für mich „eleganteste" Lösung ist die Zugabe von in Wein aufgelöstem Zucker. Hier macht der Geschmack des Weines jenes des Ansatzes erst richtig rund und harmonisch; er nimmt ihm auch etwas an Schärfe, wodurch der Ansatz samtiger wirkt.

  > Trockener Weißwein wird für alle hellen Ansätze, trockener Rotwein für alle roten Liköre genommen. Nur sehr gute Weine verwenden! Bewährt hat sich ¼ l Wein auf 2 l Ansatz.

  Der Wein wird mitsamt dem Zucker so lange erhitzt, bis sich der gesamte Zucker aufgelöst hat. Anschließend wird abgekühlt, bis der Wein nur noch lauwarm ist, erst dann wird er dem Ansatz beigemengt. Gut durchmischen!

  Bei diesem Verfahren besteht außerdem die Möglichkeit, eventuelle Nachwürzungen durchzuführen. Zu diesem Zweck werden mit dem Zucker noch Gewürze, wie Nelken oder Zimtrinde, miterhitzt.

- **Zuckerzusatz nach dem Ansetzen mit gesponnenem Zucker**

  Dazu wird Kristall- oder Würfelzucker so lange befeuchtet, bis er sich auflöst. Dann wird der steifgeschlagene Schnee von einem Eiklar mit dem Zucker gemischt, auf dem Herd unter ständigem Rühren erwärmt und anschließend so lange stärker erhitzt, bis der Zucker zu „steigen" beginnt. Wenn der Zucker stark schäumt, wird er durch die Zugabe von kaltem Wasser abgeschreckt und der Topf vom Feuer gezogen. Den Schaum abschöpfen und anschließend wieder weiter erhitzen.

Nach 2- bis 3-maligem Abschrecken und Abschäumen wird 1 Esslöffel Zitronensaft dazugegeben. Ist keiner vorhanden, so kann als Ersatz auch Essig genommen werden.

Der nun klar gekochte Zucker wird durch weiteres Kochen auf die gewünschte Konsistenz eingedickt. Der gesponnene Zucker soll, noch etwas warm, dem Ansatz zugegeben werden.

> Zu süß überdeckt das erwünschte Aroma.

- **Zuckerzusatz nach dem Ansatz – in Wasser aufgelöst**
Wenn Ihnen die Herstellung von gesponnenem Zucker zu langwierig erscheint, können Sie auch den Zucker in ganz wenig Wasser aufkochen und diese konzentrierte Zuckerlösung, ebenfalls noch ein wenig warm, dem Ansatz beimengen.

- **Süßen mit Trockenfrüchten**
Eine sehr elegante Methode; z. B. Beigabe einer Kletzenbirne oder von Dörrpflaumen beim Kümmelansatz.

- **Süßen mit dem Honigblatt** *(Stevia rebandiana Bertoni)*
Diese neue Methode eröffnet sich durch das Bekanntwerden der aus Südamerika stammenden Pflanze, die eine sehr hohe Süßekraft besitzt. Man kann z. B. gleich in den Ansatz ein Blatt der Pflanze geben, hat aber dabei kein Gefühl, wie süß dieser wirklich wird.

> Ich setze lieber einige Blätter in 38%igem Korn an und gebe erst nach dem Filtrieren des Ansatzes etappenweise den Zuckeransatz dazu, um den gewünschten Süßegrad zu erreichen. Die „Süße" schmeckt aber anders als bei Kandis- oder Kristallzucker.

Stevia (Honigblatt)

Gewürzzugabe

Wie ich einleitend bereits erwähnt habe, sollte der eigentliche Geschmack des Ansatzmaterials nicht verfälscht werden und so stark wie möglich in seiner Eigenheit erhalten bleiben.

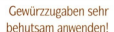

Gewürzzugaben sehr behutsam anwenden!

Dies bedeutet: Wenn überhaupt Gewürze beigegeben werden, dann sollten sie den ursprünglichen Geschmack nur harmonisch ergänzen und dürfen nicht vorschmecken.

Bei einigen Ansätzen empfiehlt sich aber die dezente Zugabe von Gewürzen.

In diesem Buch werden nur ganz wenige Gewürze empfohlen. Es steht Ihnen aber frei, die Vielzahl der am Markt vorhandenen Kräuter, Gewürze und Gewürzmischungen auszuprobieren. Vielleicht werden Sie gerade dadurch die eigene Geschmacksrichtung am besten treffen.

Der Zeitpunkt der Gewürzzugabe richtet sich je nach Rezept. Es ist aber auch noch möglich, in den bereits gefilterten und verkosteten Ansatz für eine Zeitlang ein Gewürzsäckchen einzuhängen. Der Vorteil liegt darin, dass dabei die Intensität des Geschmacks laufend überprüft und das Gewürz wieder rasch und sauber aus dem Ansatz entfernt werden kann.

Das Filtrieren des Ansatzes

Zum Filtrieren von kleineren Mengen angesetzter Schnäpse bedienen Sie sich am besten eines Kaffeefilters. Er kann ziemlich grobporig sein, damit er nicht zu schnell verlegt wird. Für größere Mengen wird ein größerer Filter oder eine eigene Filteranlage benötigt. Oft genügt aber schon ein sehr feines Haarsieb.

Meist reicht der Kaffeefilter zum Filtrieren

Beim Filtrieren des Ansatzes müssen Sie darauf achten, dass der Trub am Boden des Ansatzgefäßes nicht aufgewühlt wird und vorerst nur der klare Teil der Flüssigkeit in den Filter gelangt. Da der Trub aber meist schon nach dem erstmaligen Befüllen des Filters – durch Neigen und anschließendes Wieder-Geradestellen der Ansatzflasche – aufgerührt wird, muss er vorher vom klaren Teil getrennt werden.

Dazu gibt es zwei ganz einfache Methoden:

- Am einfachsten ist es, den klaren Teil des Ansatzes gleich in einem Zug in ein zweites Gefäß abzugießen und erst von diesem aus den Filter zu befüllen. Dies funktioniert am besten bei kleineren Gefäßen bis zu 3 Liter.

> - Bei größeren Gefäßen ist es ratsam, die klare Flüssigkeit über den Ansatzfrüchten mit Hilfe eines Gummischlauches in ein anderes Gefäß umzuziehen.

Wenn Sie diesen Rat nicht befolgen und mit dem aufgerührten Trub filtrieren, so lassen Sie sich auf ein langwieriges Geduldspiel ein.

Das Filtrieren ist manchmal sehr langwierig.

Pektinabsonderungen

Das Filtrieren wird besonders schwierig, wenn sich, wie es bei manchen Ansätzen mit Früchten vorkommt, geleeartige Absonderungen gebildet haben. Dabei handelt es sich um Pektin, das bei der Marmelade-(Konfitüre-)bereitung sehr erwünscht ist, da es das Gelieren unterstützt, hier aber stört. Diese Pektinabsonderung kann auch später in mancher Lagerflasche auftreten. Das Pektin setzt sich am Flaschenboden ab. Der Qualität des Ansatzes ist dies nicht abträglich. Am häufigsten kommt das Phänomen bei Vogelbeere und Schlehdorn vor, vor allem, wenn viele Früchte in wenig Schnaps angesetzt wurden. Es lässt sich eigentlich nur durch eine stärkere Verdünnung (mehr Ansatzschnaps) verhindern. Bei der Fruchtsafterzeugung werden solche Pektinabsonderungen durch die Zugabe von pektinabbauenden Enzymen verhindert. Dies ist aber bei Ansatzschnäpsen wenig praktikabel, es sei denn, der Likör wird aus Fruchtsäften bereitet.

Pektinabsonderung ist unerwünscht, aber nicht immer zu verhindern.

Flaschenverschlüsse

Bei den meisten Flaschen, die zum Aufbewahren der Ansatzschnäpse verwendet werden, sind bereits **Drehverschlüsse** vorhanden. Sie sind, solange sie absolut dicht abschließen, gut geeignet und einfach zu handhaben.

Ansonsten werden üblicherweise **Korkstöpsel** verwendet. Bei Flaschen, in denen der Ansatzschnaps verschenkt oder verkauft werden soll, schauen diese – eventuell mit aufgeklebtem Stoff oder Holz zusätzlich verziert – auf jeden Fall besser aus als Drehverschlüsse.

Bei manchen Ansätzen, die eine sehr lange Reifelagerung benötigen (z. B. Williamsbirne), empfiehlt es sich, den Kork noch extra mit Bienenwachs zu verschließen. Dabei wird das heiße Wachs einfach auf den trockenen Kork und die gesäuberte Flaschenöffnung aufgetropft, bis alles vollständig abgedichtet ist.

Drehverschlüsse sind von Vorteil.

> Auf alle Fälle müssen Sie bei den Verschlüssen darauf achten, dass sie absolut dicht abschließen, damit die mehr oder weniger mühsam hergestellten Köstlichkeiten nicht „ausrauchen" können.

Die Lagerung der Ansatzschnäpse

Mit Ansatzschnaps gefüllte Flaschen werden üblicherweise stehend gelagert.

Dazu verwenden Sie am besten die gleichen Flaschen, in denen sich der Ansatzalkohol befunden hat. Sie sind, wenn sie nach dem Ausleeren des Schnapses gleich wieder verschlossen wurden, völlig sauber und durch den Alkohol „desinfiziert".

Zur Lagerung eignen sich aber auch große 2- bis 5-l-Flaschen, Ballons und Plutzer, wenn diese später nicht zu lange nur halb- oder viertelvoll stehen bleiben.

Der Lagerraum sollte dunkel und kühl sein.

> Die Lagerung selbst sollte bei allen Ansatzschnäpsen im Dunklen und Kühlen erfolgen. Je nach Sorte erstreckt sich die Lagerdauer von einigen Wochen bis zu zwei Jahren und darüber.

Ihren vollen, reifen Geschmack und das richtige Aroma erreichen die meisten Ansatzliköre erst nach einem längeren Reifungslager.

Es hat sich als vorteilhaft erwiesen, die Ansatzschnäpse erst nach dem Reifelager in die Geschenkflaschen oder Verkaufsgebinde umzufüllen, da sich im Verlauf der Lagerzeit noch manche Ablagerungen in der Flasche ergeben können.

Zarte Aromen nicht zu lange lagern!

Die Haltbarkeit der Ansatzschnäpse ist meist zeitlich unbegrenzt, bei manchen nimmt aber die Geschmacksintensität stark ab, z. B. Erdbeere, Himbeere.

Geschenkflaschen und Präsentation

Es gibt Flaschen in allen erdenklichen Formen und Größen, so dass Sie für jeden Likör oder Ansatzschnaps die dazu passende Flasche erwerben können. Für die Präsentation zu Hause bieten sich am besten formschöne alte, aber auch neue Karaffen an. Je nach ihrer Form, ihrem Glasschliff oder ihrer Färbung werden die jeweiligen Ansatzschnäpse besonders zur Geltung kommen.

Karaffen sammeln kann zur Leidenschaft werden.

Liköre und Ansatzschnäpse werden ja auch „mit den Augen" getrunken. Erst bei entsprechender Präsentation kann man sie richtig genießen, und nicht nur ihr guter Geschmack, sondern auch ihre herrliche Farbe werden dann Sie und Ihre Gäste erfreuen.

Zubereitung von Ansatzschnäpsen

Soll der Ansatzschnaps oder -likör verkauft werden, so sind, was Alkoholgehalt, Namensgebung und Deklaration der Inhaltsstoffe betrifft, die genauen gesetzlichen Bestimmungen einzuhalten. Besonders wichtig ist auch die schöne und übersichtliche Gestaltung des Etiketts.

Selbstgemachte, begehrte Geschenke

Anleitungen zur Weinbereitung

- Geräte
- Das Ausgangsmaterial
- Die Gärung
- Abziehen des Weines
- Vorbereiten der Flaschen
- Flaschenverschlüsse
- Lagerung des Weines

Landläufig besteht meist die Meinung, dass Wein nur in größeren Mengen hergestellt werden kann und dass dies eine eher komplizierte, arbeitsaufwändige Tätigkeit darstellt. Ich konnte aber selbst feststellen, dass das Bereiten von Wein auch in kleinen Mengen recht einfach ist und meist gut gelingt, wenn nur die wichtigsten Grundregeln exakt eingehalten werden.

Bei der Weinherstellung ist gewiss ein noch sorgfältigeres Arbeiten notwendig als beim Ansetzen von Schnäpsen und Likören, da das Endprodukt erst durch einen biologisch-chemischen Vorgang – die Gärung – entsteht. Dabei wird Zucker mit Hilfe von Hefen in Alkohol umgewandelt. Sie müssen vor allem auf peinlichste Sauberkeit der jeweiligen Früchte, Geräte und Flaschen achten!

Geräte

Sie werden ähnliche Geräte benötigen wie zum Ansetzen von Schnäpsen und Likören. Auch bei der Weinbereitung sollten alle Gegenstände, die mit den Früchten oder dem Wein in Berührung kommen, nicht aus unedlem Metall bestehen.

Löwenzahnwein (Rezept: siehe S. 94)

Benötigt werden:

- eine **Plastikwanne**
  Darin werden die einzelnen Zutaten gemischt, und bei manchen Rezepten muss der angesetzte Wein vor der eigentlichen Gärung einige Tage offen stehen bleiben;
- ein **Plastiksieb** oder eine **Stoffwindel**
  zum Abseihen des angesetzten Weines;
- ein **Gärbehälter**
  Je nach Menge des herzustellenden Weines wird entweder ein Fässchen (Holz oder Kunststoff), ein Gärballon aus Glas oder aber auch nur eine große Flasche (ab 5 l) verwendet;
- ein **Gärspund** oder ein **Gärröhrchen**
  Diese werden im Verschluss der Gärgefäße angebracht, um den Luftsauerstoff auszuschließen;
- **Flaschen** zum Lagern des Weines;
- **Flaschenverschlüsse**
  Sie müssen sauber (steril) sein und gut abdichten;
- einen **Entsafter** oder eine kleine **Fruchtpresse**
  Diese Geräte werden benötigt, wenn Wein aus Fruchtsaft hergestellt wird;
- einen **Gummischlauch** zum Abziehen des Weines.

Das Ausgangsmaterial

Als Ausgangsstoffe dienen Fruchtsäfte oder mit Geschmacksträgern versetztes Zuckerwasser

Als Ausgangsstoffe für die Weinbereitung dienen entweder Fruchtsaft oder Zuckerwasser, das mit gewissen „Geschmacksträgern" versetzt wurde. Als solche können z. B. Holunderblüten, Löwenzahnblüten oder Zitronen verwendet werden, die ihr natürliches Aroma an das Ansetzwasser abgeben.

Dazu werden, je nach Rezept, Wasser, Zucker und Geschmacksträger in einer Kunststoffwanne gemischt und für einige Zeit in den Keller gestellt. Erst nach dem groben Abseihen der Flüssigkeit – oder nachdem sie durch eine grobe Stoffwindel abgegossen wurde – kommt sie in das Gärgefäß zum Vergären.

> Diese Weine werden, ebenfalls je nach Rezept, mit Germ (Backhefe) angesetzt, oder die Gärung wird den in der Natur vorkommenden Hefen überlassen. Am besten gelingen sie aber mit Reinzuchthefe.

Anleitungen zur Weinbereitung

Wird Fruchtsaft vergoren, so sollten Sie unbedingt Reinzuchthefe verwenden, damit Sie eine saubere, kontrollierte Gärung erreichen. Dies ist besonders dann wichtig, wenn der Fruchtsaft durch Dampfentsaften gewonnen wurde, da dabei die natürlich vorkommenden Hefen großteils abgestorben sind und es sehr leicht zu Fehlgärungen kommen könnte.

Hefen erhalten Sie in einschlägigen Fachgeschäften.

Reinzuchthefe ist immer von Vorteil.

Die Gärung

Die alkoholische Gärung muss unter Ausschluss des Luftsauerstoffes ablaufen, da es sonst zu Fehlgärungen kommen könnte (so etwa kann es bei Luftzutritt zu einer Essigsäuregärung kommen, und das Getränk würde nach Essig schmecken).

Um den Luftsauerstoff auszuschließen, müssen Sie das Gärgefäß mit einem **Gärrohr** oder **Gärspund** verschließen. Beide arbeiten nach dem Prinzip von kommunizierenden Gefäßen, d.h. eine Flüssigkeit verhindert das Eindringen des Luftsauerstoffes in das Gärgefäß, da sie wie in ein Schlauchknie eingebettet liegt. Die Gase, die sich bei der Gärung entwickeln, werden aber durch den dabei entstehenden Druck durch die Flüssigkeit ausgetrieben.

Unbedingt Gärrohr oder Gärspund verwenden.

Gärrohr

Das Gärrohr eignet sich vor allem für kleinere Gärgefäße, wie z. B. Flaschen. Es wird durch ein Loch, das in den Stöpsel der Flasche gebohrt wurde, aufgesetzt und muss absolut dicht abschließen. Am besten versiegeln Sie dazu die Fuge zwischen Gärrohr und Stöpsel mit Bienenwachs.

Die Flüssigkeit, die in das Gärrohr gefüllt wird, sollte lange halten und möglichst keimfrei bleiben. Dies erreichen Sie durch Zugabe von etwas Kaliumpyrosulfit oder durch Verwendung von Salzwasser oder Schnaps.

Gärspund

Der Gärspund ist nach demselben Prinzip wie das Gärrohr aufgebaut. Eigentlich handelt es sich dabei um einen Tauchdeckel aus Kunststoff. Durch den Druck der Gärgase wird der „Becher-Deckel" so weit angehoben, dass die Gase entweichen können. Das Eigengewicht des Deckels drückt diesen aber augenblicklich wieder nach unten, womit er der Außenluft den Eintritt in das Gärgefäß versperrt. Auch hier empfiehlt es sich, die eingefüllte Flüssigkeit sauber zu halten. Mit dem Gärspund wer-

Gärrohr (links) und Gärspund (rechts) – die Gärgase können durch die vorgelegte Flüssigkeit austreten.

den Sie insofern leichter arbeiten, als es den dazu passenden Gummistöpsel gibt und das Gärgefäß damit absolut dicht abgeschlossen werden kann.

> Beim Verschließen mit dem Gärrohr und auch mit dem Gärspund sollten Sie aber darauf achten, dass das Gärgefäß nicht zur Gänze gefüllt wird. Es sollten, je nach Gefäßart und -größe, 5–10 % als Gärraum frei bleiben.

Damit wird verhindert, dass bei stürmischer Gärung Flüssigkeit oder Flüssigkeitsblasen in das Gärrohr oder den Gärspund gedrückt werden. Gärrohr oder -spund dürfen auf keinen Fall in die Gärflüssigkeit ragen!

Gärverlauf und Gärzeit

Die Gärdauer ist von der Temperatur und vom Ausgangsprodukt abhängig.

Die Gärung läuft am besten bei einer Temperatur von 18–22 °C ab.

Die Gärzeit hängt sehr stark von dem zu vergärenden Ausgangsprodukt ab. Sie kann von zwei bis drei Wochen bis zu einigen Monaten (z. B. Hagebutte) dauern.

Abziehen des Weines

Nach beendeter Gärung sinkt der Trub (abgestorbene Hefe und Fruchtteile) nach unten und setzt sich am Boden des Gärgefäßes ab.

Der Wein sollte ganz klar sein.

Um diesen Trub – auch „Geläger" genannt – nicht wieder aufzuwirbeln, wird der klare Wein mit Hilfe eines Gummischlauches am besten gleich in völlig saubere, sterilisierte Flaschen abgezogen, die anschließend sofort verschlossen werden sollten.

Größere Mengen von Wein, die zum Verkauf gelangen sollen, müssen jedoch filtriert werden.

Vorbereitung der Flaschen

Da Weine, die einen Alkoholgehalt zwischen 7 und 14 % haben können, nicht so stabil sind wie Ansatzschnäpse mit 30–40 % Alkohol, muss besonders bei den Lagergefäßen auf absolute Sauberkeit geachtet werden.

Die Flaschen sollten steril sein.

Um die Flaschen steril zu bekommen, werden sie am einfachsten in einem großen Topf einige Zeit auf über 80° C erhitzt. Sie müssen aber langsam erwärmt werden, da sie sonst zerspringen, d.h. sie müssen in kaltem oder nur lauwarmem Wasser auf den Herd gestellt werden. Entweder direkt im Wasser oder nur im Wasserdampf erhitzen!

Zum Auskühlen und Austropfen werden die Flaschen verkehrt in einen Kübel gestellt und anschließend gleich mit Wein gefüllt.

Flaschenverschlüsse

Als Flaschenverschlüsse können Drehverschlüsse, Korkstöpsel oder Gummikappen verwendet werden, die aber ebenfalls zuvor sterilisiert werden müssen. Am besten werden sie direkt aus dem heißen Wasser in oder auf den Flaschenhals kommen. Die Gummikappen halten ganz gut, wenn der beim Abfüllen noch zimmerwarme Wein anschließend im Keller abkühlt und dadurch an Volumen verliert. Dabei entsteht in der Flasche ein Unterdruck, der die Gummikappe festhält. Der Flaschenverschluss mit Korkstöpseln ist aber auf alle Fälle sicherer. Es gibt aber auch kleine Geräte zum Verschließen mit Kronenkorken. Die meisten Weinflaschen besitzen aber heute schon einen Drehverschluss.

Am bequemsten sind Drehverschlüsse.

Lagerung des Weines

Obwohl der abgezogene Wein zunächst ganz klar ausgesehen hat, setzt sich meist ein leichter Trubschleier ab.

> Es wird daher vorteilhaft sein, die Flaschen vorerst stehend aufzubewahren, damit sich der Trub am Flaschenboden und nicht an der Flaschenwand absondert.

Wurden die Flaschen mit Korken verschlossen, so sollten sie aber spätestens nach einem Monat umgelegt werden, da dies das Austrocknen des Korken verhindert.

Mit Gummikappen verschlossene Flaschen können freilich nur stehend aufbewahrt werden.

Die Aufbewahrung der Weine erfolgt am besten im Keller, da hier eine gleichmäßige Temperatur und meist auch Dunkelheit herrschen.

Die angebrochenen Weine halten sich aber im Kühlschrank ebenfalls über einen längeren Zeitraum.

Ein Umlegen der Flaschen verhindert das Austrocknen der Korken.

Lagerdauer

Die Lagerfähigkeit ist von der Weinart abhängig.

Die Lagerdauer richtet sich nach dem erzeugten Wein. So kann etwa Hagebuttenwein schon nach einigen Wochen getrunken werden; richtig gut wird er aber erst nach zwei Jahren.

> Wer mehr über die Obst- und Kräuterweinbereitung wissen will, dem empfehle ich das Buch „Beeren-, Obst- und Kräuterweine" von Elisabeth Lehari.

Sektbereitung (Schaumweinbereitung)

Die Vorbereitungen zur Sektherstellung sind die gleichen wie bei der Weinbereitung.

> Der Unterschied liegt nur darin, dass die Vergärung nicht in einem eigenen Gärgefäß, sondern gleich in der Flasche durchgeführt wird. Dabei entsteht ein erheblicher Druck, der an die Stabilität und an die Festigkeit der Flaschenverschlüsse einige Anforderungen stellt.

Geeignet sind nur richtige Sektflaschen, die entweder gekauft oder für diese Zwecke gesammelt wurden. Alle anderen Flaschen sind zu schwach und könnten leicht „explodieren".

Als Flaschenverschlüsse sind ebenfalls am besten Original-Sektstöpsel zu verwenden. Dabei sollten Sie Kunststoffstöpsel bevorzugen, da für Korken eine eigene Verschlussmaschine notwendig wäre.

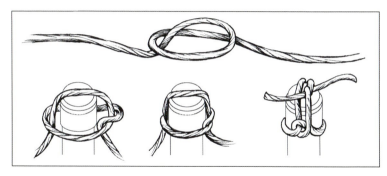

Apothekerknoten

Sektbereitung

Die in den Flaschenhals gedrückten Stöpsel müssen auch noch gegen das „Ausfahren" gesichert werden. Da Sie meist keine Originalsicherungen zur Verfügung haben werden, bedienen Sie sich am besten des altbewährten „Apothekerknotens".

Öffnen der Sektflaschen

Da nie ganz gewiss ist, ob und wie stark eine Gärung stattgefunden hat und wie hoch der Druck in der Flasche ist, müssen Sektflaschen immer vorsichtig geöffnet werden.

Dabei ist es unbedingt notwendig, die Flasche beim Öffnen schräg zu halten, damit die aufsteigende Kohlensäure entlang der Flaschenwand entweichen kann und nicht den flüssigen Inhalt aus der Flasche drückt, was immer dann passiert, wenn die Flasche senkrecht gehalten wird. Vor dem Öffnen soll der Sekt immer kühl gestellt werden!

Die Kohlensäure muss „herausrinnen" können.

Hollersekt (Rezept: siehe S. 72)

Rezeptteil

Beschreibung der verwendeten pflanzlichen Ausgangsprodukte

Die Beschreibung der pflanzlichen Ausgangsprodukte in diesem Buch soll keine Einführung in die Botanik sein, doch bin ich mir darüber im Klaren, dass viele der hier empfohlenen Früchte, Beeren und Kräuter nicht immer jedermann bekannt sind.

Die Kurzinformationen zu Beginn der jeweiligen Rezepte sollen, wenn Sie nun tatsächlich in die Ansatzschnapsbereitung einsteigen wollen, Ihr Interesse wecken, denn gute Kenntnisse über die verwendeten Produkte können nur vorteilhaft sein. Außerdem gibt es, wie eingangs erwähnt, noch viele andere Pflanzen, die Sie für diese Zwecke noch ausprobieren können.

Für den Fall, dass Ihre botanischen Interessen immer stärker werden, gibt es genügend einschlägige Literatur und genaue Bestimmungsbücher zu kaufen. Ich möchte Ihnen hier nur einige Tipps zum leichteren Auffinden der jeweiligen Ausgangsprodukte geben. Aber auch wenn Sie schon die betreffenden Pflanzen kennen sollten, werden Sie vielleicht einige Bemerkungen dazu finden, die ganz gewiss in keinem Botanikbuch stehen und aus eigenen Erfahrungen oder Beobachtungen stammen.

ACKERDISTEL
(Cirsium arvense)

Sie ist als lästiges Unkraut auf Äckern und auf unseren Standweiden bekannt und hat die negative Eigenschaft, dass sie sich bei oberirdischem Abmähen verstärkt unterirdisch durch Wurzelausläufer vermehrt.
Sie wird bis zu 1½ m hoch, ist stark verzweigt, und ihre Blüten haben eine schöne, satte, dunkelrote Färbung. Meist bildet sie männliche und weibliche Blüten, die aber ganz gleich aussehen und nur an ihrem Duft unterschieden werden können, denn nur die weiblichen Blüten riechen ganz stark nach Honig und Vanille. Blühzeit ist von Juli bis September.

ACKERDISTELGEIST
Wie schon vorhin erwähnt, duften nur die weiblichen Blüten. Für den Distelgeist gilt es, ausschließlich diese zu sammeln und in Korn anzusetzen. Für 1 l Ansatzkorn benötigt man ca. 3 bis 4 „offene" Handvoll Blütenköpfchen. Der Ansatz wird an einem warmen Ort für ca. 4–6 Wochen aufgestellt, anschließend filtriert und in Flaschen abgezogen. Der Geist, der einen ganz eigenen Geschmack entwickelt, sollte noch einige Zeit nachreifen können.

APFEL
(Kulturapfel – *Malus communis domestica*)

Unser beliebter Speiseapfel gehört zur Familie der Rosengewächse und stammt von verschiedenen Wildformen ab, die ihre Heimat in Europa (Holzapfel), Vorderasien (Zwergapfel) oder Ostasien (Beerenapfel) haben.

Der Apfel ist die bedeutendste Obstart Mitteleuropas. Leider wurde in den letzten Jahrzehnten durch bestimmte Marktzwänge seine Geschmacksvielfalt stark eingeschränkt. Heute kommen aber wieder verstärkt Sorten in den Handel, die nicht nur schön aussehen, sondern auch vorzüglich schmecken.

Jeder Gartenbesitzer kann zumindest einen Apfelbaum auf seinem Grundstück stehen haben, da die modernen Baumzüchtungsformen (z. B. Spindel) nur mehr sehr wenig Platz beanspruchen.

APFELKORN

Vor einigen Jahren war der Apfelkorn als „Modegetränk" praktisch überall erhältlich und wurde daher auch in großen Mengen produziert.

Sie selbst können Apfelkorn ganz einfach zubereiten: In 1 l Korn (38 bis 42%ig) werden, je nach Größe und Geschmacksintensität, 2–3 Äpfel samt Schale, aber ohne Kerngehäuse, hineingeschnitten. Das verschlossene Glasgefäß anschließend 3–4 Wochen lang an einen warmen Ort stellen. Danach wird abfiltriert und verkostet. Ist Ihnen der Geschmack zu intensiv oder zu süß, so muss mit weiterem Korn verdünnt werden. Tritt der umgekehrte Fall ein, und der Geschmack ist noch zu „dünn", so müsste der Ansatz mit frisch eingeschnittenen Äpfeln wiederholt werden.

Für den Apfelkorn eignen sich besonders geschmackvolle, säuerliche Äpfel, z. B. ein noch ein wenig unreifer James Grive.

Der fertige Apfelkorn sollte eine schöne hellgoldene Färbung aufweisen.

Apfelkorn

Echter Alant
(Inula helenium)

Der Echte Alant zählt zu den Korbblütern und stammt ursprünglich aus Zentralasien. Er wird schon seit alters her als Heilpflanze eingesetzt. Er wird als Gartenpflanze verwendet, da er mit seinen großen Blättern und schönen dunkelgelben, leicht ins Orange gehenden zahlreichen Blüten eine Bereicherung für jeden Garten ist. Lästig können nur seine Samen werden, die bei offenem Boden fast überall aufgehen. Die Samen werden aber sehr gerne von Meisen und vor allem von den Stieglitzen abgeerntet. Für Bitterliköre wird die starke Wurzel verwendet. Alantwurzel bekommt man aber auch in der Drogerie zu kaufen.

Alantansatz

Den Alantansatz verwendet man hauptsächlich für Kräuterbitter. Dazu setzt man einige Wurzelstücke in 38 – 42%igem Korn oder Obstbrand für 8 – 10 Wochen an. Man kann die Wurzeln auch im Ansatz belassen. Für den Kräuterbitter nimmt man sich dann die jeweils benötigte Menge.

BERBERITZE
(Berberis vulgaris)

Sie wird auch als Sauerdorn oder, im Volksmund, als „Zizerlbeer" bezeichnet, ist ein weitverbreiteter Strauch und gedeiht meist an trockenen, sonnigen Standorten. Heute werden verschiedene Zuchtformen sehr oft als Heckenstrauch verwendet.

Die Berberitze blüht im Mai in gelben Blütentrauben, die aus den Achseln der meist dreiteiligen Dornen heraushängen. Ihre Früchte sind hochrote, längliche Beeren, die sehr sauer schmecken. Aus ihnen lässt sich auch eine säuerliche Marmelade bereiten, die vorzüglich zu Wildgerichten passt. Meist muss man sich aber mit den Vögeln, die diese Früchte ebenfalls sehr gerne verspeisen, herumstreiten.

Gefürchtet wird die Berberitze vom Bauern als Zwischenwirt des Getreiderostes.

BERBERITZENGEIST

Wer es gerne sehr sauer mag, für den ist dieser Ansatzschnaps genau das richtige. Beim Ansetzen sollte aber darauf geachtet werden, dass das Frucht- zum Ansatzschnapsverhältnis nicht zu eng genommen wird, da es sonst leicht zum Gelieren kommt.

Man nehme die gereinigten und von ihren Stielen befreiten Früchte und gebe sie in ein Ansetzgefäß (für ½ kg Früchte ca. 1½ l Kornbrand). Der Ansatz sollte ca. 5–6 Wochen stehen bleiben und wird nach dieser Zeit filtriert und verkostet. Man wird nicht umhin können, mit etwas Zucker nachzusüßen. Das Süßen gelingt am besten mit Kandiszucker, der in etwas warmem Rotwein aufgelöst wurde. Die Flaschen einige Wochen im Keller lagern!

BLUTWURZ oder TORMENTILL
(Potentilla erecta)

Sie ist ein unscheinbares, gelb blühendes Pflänzchen und gehört zu den Fingerkräutern. Die Blutwurz findet man eher an mageren Sand- und Torfböden, Magerrasen und auf Almflächen. Sie wird 10 bis 30 cm hoch und ihre Stängel sind aufrecht oder liegend, aber nie wurzelnd.

Für den Ansatz werden nur die Wurzeln verwendet, die, wenn man sie aufschneidet in der Mitte rot werden, daher der Name Blutwurz. Die verdickte Wurzel ist nicht sehr lang, hat aber sehr viele, sehr zähe Seitenwurzeln, was das Reinigen vor dem Ansetzen sehr mühsam macht. Leichter geht das Entfernen des Schmutzes und der Erde mit einem Kartoffelschäler, den man aber nur sehr seicht führen darf. Die gründliche Reinigung ist aber unbedingt notwendig, da sich sonst im Ansatz leicht ein erdiger Geschmack einfindet.

BLUTWURZGEIST
Wie oben beschrieben, benötigt man für den Ansatz nur die Wurzeln der Pflanze, für einen Liter Ansatz cirka eine schwache Handvoll davon.

Die gut gereinigten und in kleine Stücke geschnittenen Wurzeln werden in Kornbrand (38 bis 42 %ig) oder in einem guten neutralen Obstbrand für cirka acht Wochen angesetzt. Der Ansatz sollte an einem warmen Ort stehen und öfter durchgeschüttelt werden. Nach dieser Zeit wird abfiltriert und verkostet. Die Farbe des Ansatzes ist wunderbar rötlichbraun und der Geschmack süßlich-bitter. Der Bittergeschmack ist aber viel zarter als bei Enzian oder Meisterwurz. Der filtrierte Ansatz wird je nach Bedarf und Geschmack mit braunem Kandiszucker gesüßt. Er eignet sich aber natürlich auch bestens für einen Mischungspartner in einem Bitterlikör.

Blutwurzgeist

ROTBUCHE
(Fagus silvatica L.)

Sie ist der verbreitetste Laubbaum Mitteleuropas und wächst in den Kalkalpen bis auf ca. 1.400 m Seehöhe. In den Zentralalpen fehlt sie meist.

Die Rotbuche blüht gleichzeitig mit dem Blattaustrieb. Ihre Früchte, die Bucheckern, sind für das Rot- und Schwarzwild eine hervorragende vorwinterliche Nahrungsquelle. Die Früchte sind dreikantig und sitzen in stacheligen, holzigen Fruchtbechern, die erst bei der Vollreife aufspringen. Sie werden auch gerne für manche Bastelarbeiten verwendet.

BUCHENLIKÖR

Für diesen außergewöhnlichen Likör werden ca. 3 Handvoll ganz junge, zarte, noch behaarte Buchenblätter benötigt. Sie kommen in ein gut verschließbares Glasgefäß, werden mit ½ l Korn oder Wacholderschnaps übergossen und für ca. 3 Wochen an einen warmen, aber nicht sonnigen Platz gestellt. Nach dem Abseihen werden 250–300 g Zucker, der in ½ l heißem Wasser aufgelöst wurde, noch warm zum Ansatz gegeben. Der Likör schmeckt aber auch sehr interessant, wenn nur ganz wenig Kandiszucker, in ebenso wenig Wasser aufgelöst, dem Ansatz beigegeben wird. Nach gutem Durchschütteln kommt noch 1/8 l Cognac oder Weinbrand dazu.

Im Keller muss der Likör noch einige Wochen nachreifen!

Dieses Rezept soll aus England stammen.

BUCHECKERNGEIST

Auch die Früchte der Rotbuche, die sogenannten „Bucheckern", können für einen Ansatz verwendet werden. Das Sammeln der Früchte und das Auslösen aus der zwar dünnen, aber sehr festen Schale sind sehr mühsam. Man wird also eher nur in einem Jahr, in dem es sehr viele Früchte gibt, einen Ansatz probieren. Dazu werden ca. 400–500 g ausgelöste Bucheckern für 1 l Ansatzkorn benötigt. Der Ansatz wird 6–8 Wochen lang an einen warmen Ort gestellt und öfter gut geschüttelt. Danach wird filtriert und abgefüllt. Der Geschmack ist nussähnlich und ölig.

BROMBEERE
(Rubus fruticosus L.)

Sie wächst vom Meeresniveau bis in Höhen von 800 m und bevorzugt nicht zu trockene Schläge, Waldblößen und Raine, wobei sie oft einen dichten, fast undurchdringlichen Rankenfilz bildet und damit beste Einstände für Niederwild, wie Hasen und Fasane, bietet.

Im Juni und August blüht die Brombeere weiß bis leicht rötlich. Ihre „Sammelfrüchte" reifen von Mitte August bis in den Oktober hinein; sie verfärben sich von grün über rot bis zu den reifen, tiefschwarzen Beeren. Nur die vollreifen, dunkelschwarzen Früchte lassen sich leicht pflücken. Im Unterschied zur Himbeere löst sich die Brombeere mitsamt dem Blütenboden ab. Nur vollreife Früchte entfalten ihr herrliches, typisches Aroma. Außerdem sind sie, ebenfalls im Gegensatz zur Himbeere, fast nie wurmig.

Das Pflücken gestaltet sich oft sehr schwierig, da die schönsten Früchte meist an den unzugänglichsten Stellen wachsen. Wer sich schon einmal in einem solchen Brombeerdickicht so richtig „verhängt" hat, weiß, wie beschwerlich es ist, bis man sich, oft total zerkratzt, wieder daraus befreit hat. Dies lässt sich am ehesten verhindern, wenn man zum Pflücken der Früchte ganz glatte, feste Kleidung anzieht.

Die Beeren werden gerne von Vögeln und Waldtieren gefressen, und das zum Teil wintergrüne Laub wird in der kalten Jahreszeit nicht selten vom Wild abgeäst. Nicht nur von der Wild-, sondern auch von der Kulturform der Brombeere gibt es viele Unterarten bis hin zu stachellosen Varianten. Die Kultursorten werden in Gärten, an Hauswänden und in Plantagen gezogen.

Die Brombeere kommt sehr häufig in der Volksmedizin zur Anwendung, und zwar nicht nur deren Früchte, sondern auch die Blätter und Wurzeln für die Bereitung von Tees.

Fortsetzung auf der nächsten Seite

Brombeerlikör

Für das Herstellen von vorzüglich schmeckendem Likör nehmen Sie am besten die vollreifen Früchte der wilden Brombeere. Sie weisen gegenüber jenen der Kulturarten ein stärkeres Aroma auf. Die Beeren werden kalt gewaschen, nach dem Abtropfen in ein verschließbares Glasgefäß gegeben und mit Korn übergossen (1–1½ l Korn, 38–42%ig, auf 1 kg Früchte).

Der Ansatz wird im gut verschlossenen Gefäß an einen warmen Ort gestellt, wo er für 6–8 Wochen stehen bleibt. Wöchentliches Durchschütteln ist vorteilhaft.

Dann wird abgezogen und filtriert. Wurden für den Ansatz nur völlig reife Früchte verwendet, so bedarf der Likör gewiss keiner Geschmackskorrektur, er müsste für alle Likörliebhaber süß genug sein.

Die ausgelaugten, aber noch alkoholhaltigen Früchte können zum Garnieren von Mehlspeisen, Eis oder Pudding verwendet werden, oder sie kommen in den Rumtopf.

Engelwurzgeist (Rezept: siehe S. 53)

KORNELKIRSCHE
(Dirndlstrauch, Gelber Hartriegel – *Cornus mas*)

Den Namen hat die Kornelkirsche von ihren kirschenähnlichen Früchten, die aber nicht kugelrund, sondern etwas länglich ausgebildet sind.

Ihr Verbreitungsgebiet erstreckt sich über Mittel- und Südeuropa bis zum Schwarzen Meer. Sie wächst aber nur in Höhen bis zur unteren Voralpenstufe. Im Frühling, zur Zeit ihrer Blüte, ist sie am leichtesten zu erkennen, denn sie ist bei uns, mit den Palmkätzchen der Weiden, das am frühesten, vom Februar bis in den April, blühende Holzgewächs.

Die Blüte selbst ist gelb und klein.

Die reifen, roten Früchte sind ca. 2 cm lang und oval. Sie haben einen großen Kern und schmecken stark säuerlich. Die Reifezeit ist Ende August bis Ende September.

Heute wird die Kornelkirsche oft für Böschungsbepflanzungen an Autobahnen kultiviert. Es gibt sie auch als kleinen Baum.

DIRNDLLIKÖR

Die frisch gepflückten, reifen Früchte werden kalt gewaschen, in eine große Flasche oder ein großes Glas gegeben und mit 38–42%igem Korn übergossen. Für 1 kg Früchte rechnen Sie 2–2½ l Schnaps.

Das Gefäß kommt verschlossen an einen warmen, hellen Platz und bleibt dort 8–9 Wochen lang stehen. Dann wird der Ansatz filtriert und verkostet. Er hat von den Früchten eine sehr schöne rote Färbung übernommen.

Der Geschmack ist säuerlich, herb.

Soll nachgesüßt werden, so tun Sie dies am besten mit Kandiszucker, der in heißem Rotwein aufgelöst wurde.

Die ausgelaugten Früchte können auch noch für einen zweiten Ansatz verwendet werden. Jetzt wird aber nur mehr 1 l Korn pro 1 kg Früchte genommen.

Wird der Dirndllikör nur für den Hausgebrauch bereitet, so können die Früchte auch im Ansatz belassen werden.

WALDERDBEERE
(Fragaria vesca L.)

Die Walderdbeere ist, bei genauer Betrachtung, nicht nur eine sehr schöne Pflanze, sie hat auch die wohlschmeckendste und am besten duftendste Frucht unserer heimischen Wälder. Sie wächst bevorzugt an sonnigen Stellen, vornehmlich auf Waldschlägen, Böschungen von Forststraßen und südseitigen Waldrändern und Rainen.

Die Blütezeit ist, ebenso wie die Reifezeit, sehr standort- und höhenlageabhängig: Ende April bis Juni, Reifezeit Mitte Mai bis Ende Juni. Einzelne Früchte lassen sich beim Bergwandern sogar noch im August finden.

Die Erdbeere ist nur eine Scheinfrucht, denn die eigentlichen Früchte sind die kleinen Nüsschen, die auf ihr sitzen.

Erdbeeren werden auch von den Tieren des Waldes sehr gerne angenommen. So sind Fuchs, Marder, Maus und sogar die Schnecken oft schneller als der Beerensammler.

An sonnigen, trockenen Stellen am Waldrand sind die Erdbeeren oft bodendeckend. Hier können Sie die Früchte sehr leicht finden; sie sind aber meist sehr klein. Die viel größeren – und meist auch geschmacklich besseren – Früchte finden sich im etwas höheren Bewuchs, unter dem Dach von Kräutern und höheren Gräsern. Diese Früchte weisen das beste Aroma auf, wenn es längere Zeit nicht geregnet hat.

ERDBEERLIKÖR

Ehrlich gesagt sind Walderdbeeren fast zu schade, um daraus Likör zu machen, denn ihr feines Aroma und ihr herrlicher Duft lassen sich nicht gänzlich in die Flasche „übertragen". Mein Rat lautet daher, Walderdbeeren nur bei einer „großen" Ernte für die Likörbereitung zu verwenden. Bei „kleinen" Ernten ist es sinnvoller, die Früchte in etwas Rum oder Weinbrand in einem verschließbaren Gefäß einige Stunden lang anzusetzen, sie dann mit gutem, herbem Weißwein und/oder Sekt aufzugießen und sich die herrliche Erdbeerbowle schmecken zu lassen – oder die Beeren gleich frisch zu verzehren.

Für die Likörbereitung geben Sie die Früchte in ein verschließbares Glasgefäß und gießen sie mit sehr gutem, mildem Korn- oder Weinbrand auf (3 l Korn auf 1 l Erdbeeren). Der Ansatz wird für 2–5 Wochen an

einen warmen, aber nicht sonnigen Platz gestellt. Nach dieser Zeit könnten nun die Beeren mit dem Likör genossen werden. Da die ausgelaugten Früchte aber unansehnlich bleich aussehen, ist es ratsamer, doch zu filtrieren. Der Likör hat eine hellrote bis hellrosa Farbe und sollte nicht zu lange aufbewahrt werden, da er an Aroma verliert.

Erdbeerlikör aus Garten-(Ananas-)Erdbeeren

Auch die Ananaserdbeere *(Fragaria ananassa)* kann, wie oben beschrieben, angesetzt werden. Es dürfen dazu aber wirklich nur ganz reife, geschmackvolle Früchte verwendet werden.

Wer es süßer liebt, nimmt 1 l Erdbeersaft und mischt diesen mit ½ bis 1 kg Kristallzucker und 1¼ l 38–42%igem Korn- oder Obstbrand. Das Gemisch wird so lange gerührt, bis sich der Zucker vollständig aufgelöst hat. Dann wird in Flaschen gefüllt, verkorkt und gelagert. Die Reifezeit sollte einige Wochen betragen.

ENGELWURZ
(Angelica archangelica)

Sie zählt zu den Doldenblütlern und wird schon seit langem als Heil- und Gewürzpflanze genutzt. Engelwurz wächst auf nährstoffreichen Hochstaudenfluren, an Fluss- und Bachufern, in Gräben, Feuchtwiesen und Auwäldern. Sie ist eine meist hoch wachsende, starke Pflanze, die eine Höhe bis zu 2 m erreichen kann, mit einem starken Stängel. Die Blätter setzen sich aus mehreren Blattabschnitten zusammen, wobei diese eiförmig-lanzettlich und feingesägt sind.

ENGELWURZGEIST

Für diesen Ansatz wird die Wurzel der Engelwurz benötigt, d.h. man gräbt sich eine Wurzel aus und nimmt davon nur das dickere Stück. Nachdem dieses gut gewaschen und gebürstet wurde, wird es in kleine Stücke zerschnitten, was nicht ganz so einfach ist, da sich die Wurzel als sehr zäh und fasrig erweist. Die Wurzelstückchen werden in einen Ansatzkorn gegeben und das Ganze an einem warmen Ort 6–8 Wochen lang stehen gelassen. Danach wird abgeseiht, verkostet und abgefüllt oder zuerst noch nachgesüßt. Engelwurzgeist schmeckt bitter-herb, aber weit nicht so bitter wie ein Enziangeist. Die Engelwurz eignet sich auch hervorragend für Misch- und Bitterliköre.

Der Engelwurzgeist, den das Bild auf S. 49 zeigt, wurde aus kandierten Engelwurzstängeln bereitet, die man aber leider nur sehr selten in Reformgeschäften erhält.
Die kandierten Stängel für ca. fünf Wochen in Korn ansetzen. Nicht in die Sonne stellen.
Der Likör schmeckt herrlich bitter-süß.

Rezeptteil

GELBER ENZIAN
(Gentiana lutea)

Der Enzian wird schon von alters her für die Schnapserzeugung verwendet, und es gibt in den Alpen einige Gegenden, wo bestimmte Personen das Grabrecht für Enzianwurzeln innehaben.

Teilweise wurde dem Enzian, vor allem dem Gelben, aber auch dem Punktierten *(Gentiana punctata)* und dem Pannonischen *(Gentiana pannonica)* so stark nachgestellt, dass er heute fast überall unter Naturschutz steht. Er wird aber auf bearbeitbaren Hochflächen angebaut und für den Verkauf geerntet.

Hier und da hat man aber das Glück, eine Enzianwurzel zu finden, die neben einem Bergwanderweg durch Touristen oder durch Weidevieh ausgetreten oder nach einem starken Gewitter ausgewaschen wurde.

Den Enzian finden wir auf Almen und Bergwiesen. Alle drei genannten Arten werden 20–40 cm hoch und besitzen gegenständige Blätter, die denen des Breitwegerichs ähneln. Die Blüten sind etagenförmig angeordnet, und jede Etage ist durch zwei Blätter unterfangen.

Der Gelbe Enzian blüht, wie sein Name schon sagt, gelb, der Punktierte hat ebenfalls gelbe Blüten, aber mit violetten Punkten, und der Pannonische violette Blüten.

Blütezeit: Juli bis August.

ENZIANGEIST

Der Enzian, im Volksmund auch „Bitterwurz" genannt, macht diesem Namen alle Ehre. Der Ansatz von Enzianwurzeln ist nämlich eine recht bittere Angelegenheit; er eignet sich weniger zum genüsslichen Trinken als viel eher bei Magenunstimmigkeiten und Appetitlosigkeit. Hier hilft er aber ganz bestimmt.

Für das Bereiten von Enziangeist kommt nicht nur der Gelbe, sondern auch der Punktierte und der Pannonische Enzian in Frage.

Sie verwenden davon nur die Wurzel, die sich bei diesen drei Arten zu einem relativ großen Gebilde auswachsen kann. Da sie äußerst bitter ist, benötigen Sie nur wenig davon.

Für 1 l Ansatzschnaps (Korn- oder Obstbrand) reicht ein Stück, so groß wie ein 3–4 cm langer Bleistift.

Enziangeist

Ansatzschnäpse

Die Wurzel wird gewaschen, in 2–3 mm dicke Scheiben geschnitten und in die Kornflasche gegeben, 2–3 Wochen lang an die Sonne gestellt und dann im Keller aufbewahrt. Die Wurzelstücke bleiben im Ansatz; es muss nicht filtriert werden.

Da der Enzian unter Naturschutz steht, werden Sie sich die Wurzel am besten in der Apotheke oder im Reformhaus besorgen!

Die Enzianwurzel eignet sich auch hervorragend – in Verbindung mit anderen Bitterkräutern – zum Herstellen von Bitterlikören..

Pannonischer Enzian

Estragon
(Artemisia dracunculus L.)

Estragon ist ein Küchengewürz, das sich in vielen Hausgärten findet. Er wird sehr leicht gezogen, da die Pflanze jedes Jahr neu austreibt.
Er ist ausläufertreibend und bildet lange, wenig verzweigte Triebe, an denen lanzettartige Blätter sitzen. Als Gewürz wird er frisch für Salate und Fleischspeisen verwendet.
Am bekanntesten ist sein Name in Verbindung mit Senf (Estragonsenf).

Estragonlikör

Estragonlikör kann ganz einfach und schnell zubereitet werden.

In eine Ein-Liter-Flasche Korn (38–42%ig) wird ein 20–25 cm langer Estragonzweig, mit dem weichen Ende voran, gesteckt. Die verschlossene Flasche kommt für 2 Tage an einen warmen Platz. Der Ansatz färbt sich hellgrün. Nach diesen 2 Tagen wird der Estragonzweig wieder aus der Flasche gezogen; Filtrieren ist nicht notwendig. Nach dem Verkosten des Likörs entscheiden Sie, ob und wie viel brauner Kandiszucker in die Flasche gegeben werden soll. Nachdem sich der Zucker aufgelöst hat, noch einmal durchschütteln, und der Likör ist trinkfertig. Durch ein wenig Lagerung im Keller gewinnt er noch an Aroma.

Dieser Ansatz kann durch Zugabe von anderen Küchenkräutern, wie Salbei, Zitronenmelisse, Rosmarin, Thymian, Ysop oder anderen, kombiniert werden.

Vorsichtige Mengenbeigabe bei stark duftenden Kräutern!

FICHTE
(Rottanne – *Picea abies*)

Die Fichte, unseren am meisten verbreiteten Nadelbaum, der teilweise auch in Gegenden gepflanzt wurde, wo er eigentlich nicht mehr ganz heimisch war, kennt jedermann.

Dennoch wird sie oft fälschlicherweise als Tanne bezeichnet, was vor allem ihre Zapfen betrifft, die fast immer „Tannenzapfen" benannt werden. Dabei müsste eigentlich bekannt sein, dass am Waldboden keine Tannenzapfen zu finden sind, da diese bereits auf den Bäumen zerfallen. Was auf dem Boden gefunden und von Kindern gern als Wurfgeschoß verwendet wird, sind Fichtenzapfen, da die Fichte die ganzen Zapfen abwirft.

Der Fichtenwald blüht alle 3 bis 8 Jahre; dann gibt es soviel Blütenstaub, dass bei Windböen oft richtig gelbe Wolken aus dem Wald geblasen werden und alles – selbst noch in der Stadt – mit einem gelben Film überzogen wird. Dies ist jene Zeit, in der Sie sich von frisch gefällten Bäumen mühelos die Blüten für die Likörbereitung beschaffen können.

Die Fichte selbst ist der für unsere Forstwirtschaft wichtigste Baum. Sie ist ein Flachwurzler; das heißt, dass sich ihr Wurzelsystem zwar weit ausbreitet, aber nicht in die Tiefe geht. Sie ist stark windanfällig, und bei Stürmen kommt es nicht selten zu Windwurfkatastrophen. Heute geht die Forstwirtschaft wieder auf wind- und biologisch stabilere Mischwälder über.

FICHTENWIPFERLGEIST

Dieser Likör heißt deswegen so, weil er aus den Triebspitzen (Wipferln) der Fichte zubereitet wird. Dafür werden nur die ganz jungen und hellgrünen, zarten Triebe genommen.

Für 1 l Korn benötigen Sie ca. 2 Handvoll (1–2 cm lange) Wipferln. Die Fichtentriebe kommen mit ein wenig Kandiszucker und dem Korn in ein Glasgefäß, das dann, gut verschlossen, für eine Woche an einen sonnigen Platz gestellt wird. Danach wird es noch weitere 4 Wochen an einem warmen, aber nicht mehr sonnigen Ort aufbewahrt. Dann wird filtriert und eventuell mit Kandiszucker nachgesüßt.

Der Geist sollte noch einige Monate im Keller nachreifen.

Auf ähnliche Weise kann auch aus einem Gemisch, das aus den Trieben verschiedener Baumarten besteht, ein Ansatz gemacht werden.

Dazu eignen sich, außer der Fichte, noch die Tanne, die Föhre, die Latsche, die Lärche sowie der Wacholder.

FICHTENBLÜTENLIKÖR
Dieser Ansatz wird aus den männlichen (Pollen-) und weiblichen (Zäpfchen-)Blüten der Fichte bereitet. Die Anschaffung des Ausgangsstoffes ist etwas problematisch, da der Fichtenwald, wie erwähnt, nur alle paar Jahre richtig blüht.

Auf 1 l Korn werden ca. 10 noch weiche, rötliche Zäpfchen (ca. 1,5 cm groß) und eine Handvoll Pollenblüten genommen. Beides kommt mit dem Korn in eine Flasche; die meisten schwimmen zunächst in der Flüssigkeit und sinken erst nach einigen Tagen ab. Der Ansatz ist in den ersten Tagen vom Pollen her trüb und wird erst allmählich klar. Trotzdem öfter schütteln! Zuckerzugabe je nach Bedarf; sie kann aber auch wegbleiben, da dieser Likör noch feiner als der Wipferlgeist ist.

Der Ansatz bleibt für fünf Wochen an einem warmen, hellen Ort stehen. Dann filtrieren und abfüllen. Im Keller einige Wochen nachreifen lassen!

HECKEN- oder HUNDSROSE
(Rosa canina)

Die wilde Heckenrose wächst fast überall dort, wo man sie lässt. Sie ist ein begehrter Leckerbissen für das Reh- und Rotwild, das besonders die Triebspitzen und die Blütenknospen bevorzugt. Deshalb befinden sich in bequemer „Pflückhöhe" oft nur sehr wenig Früchte; weiter oben, wo sie sehr schlecht zu erreichen sind, gibt es hingegen meist sehr viele von ihnen.

Die Blüten der Hundsrose sind einfach und schlicht. Sie können aber jederzeit mit ihren zartrosa Blütenblättern und ihrem gelben Zentrum aus Staubgefäßen mit jeder Zuchtrose in Schönheitskonkurrenz treten. Ab Ende September, wenn die Rose ihre Blätter abgeworfen hat und sich ihre Früchte tiefrot färben, werden letztere auch für den Likör- und Weinfreund interessant.

Die Hagebutten sollten für die Weiterverarbeitung erst nach dem ersten Frost – besser aber noch später – geerntet werden. Sie dürfen jedoch noch nicht zu weich sein, da dies, neben den Dornen, die Ernte sehr erschwert.

Abgesehen von der Hundsrose, können für die Wein-, Likör- und Konfitürebereitung auch alle anderen Rosensorten verarbeitet werden.

Wegen ihrer Ertragstreue kann bei der Hundsrose jährlich mit einer durchschnittlichen bis guten Ernte gerechnet werden.

HAGEBUTTENLIKÖR

Die Hagebutte, in manchen Teilen Österreichs auch „Hetscherl" oder „Hetschepetsch" genannt, zählt zu jenen Früchten, die bei der Likörbereitung gewiss keine Geschmackshelfer benötigen.

Die vollreifen, aber noch nicht weichen Früchte werden, wie erwähnt, am besten nach dem ersten Frost gepflückt, von den Stielen und den eingetrockneten Resten der Blüten abgetrennt (Abb. 1) und in einem Sieb kalt gewaschen. Abtropfen lassen! Manchen Rezepten ist zu entnehmen, dass die Früchte – wie für die Bereitung von Marmelade – auch zur Likörbereitung aufgeschnitten und von den Kernen sowie Kernhaaren befreit werden müssen. Dies ist meiner Erfahrung nach nicht notwendig; es hat höchstens viele Menschen von der Bereitung dieses köstlichen Getränks unnötig abgehalten.

Hagebuttenlikör

Die gereinigten Früchte werden in eine große Flasche oder in ein verschließbares Glasgefäß gegeben (Abb. 2) und mit 40%igem Kornbrand übergossen (2 l Korn je 1 l Früchte). Der Ansatz wird für 6–8 Wochen an einen hellen, warmen Platz im Haus gestellt (Abb. 3). Das Gefäß sollte einmal pro Woche durchgeschüttelt werden.

Nach ca. 8 Wochen wird der Ansatz abgezogen und filtriert. Das gewonnene Produkt ist eigentlich schon der fertige Likör, der aber zur Entfaltung seines ganz einzigartigen Aromas noch im Keller nachreifen sollte: je länger, desto besser!

Die Farbe des Likörs ist ein sehr schönes Orange und der Geschmack – wegen des natürlichen Zuckergehalts der Früchte – leicht süßlich.

HAGEBUTTENWEIN

Dazu werden völlig ausgereifte Hagebutten benötigt, denn nur sie entwickeln den für diesen Wein ganz eigenen Geschmack. Der Erntezeitpunkt liegt, je nach Klimalage, zwischen Anfang Oktober und Anfang November und, wenn möglich, nach dem ersten Reif. Die Früchte werden nach dem Pflücken gewaschen; anschließend werden am einen Ende der Hagebutte die Reste der Blüten und am anderen die meist noch vorhandenen Fruchtstiele weggeschnitten.

Die so gereinigten Hagebutten kommen nun in einen Gärbehälter oder -ballon, der nach der Wasser- und Zuckerzugabe mit einem Stöpsel, in dem sich ein Gärrohr oder -spund befindet, dicht verschlossen wird. Zuvor aber wird der Zucker mit dem Wasser aufgekocht und das Ganze erst nach dem Erkalten in das Gärgefäß geschüttet. Wenn möglich, sollte für die Vergärung Reinzuchthefe verwendet werden (muss aber nicht sein). Die beste Gärtemperatur liegt bei ca. 20° C.

Das Verhältnis der einzelnen Zutaten sollte folgendermaßen aussehen: 1 Teil Früchte zu 1 Teil Zucker (Kristallzucker) zu 2–2½ Teilen Wasser.

Nach Abschluss der Gärung, die bis zu 10 Wochen und länger dauern kann, bleibt der Wein noch ca. 14 Tage auf den Früchten liegen und wird erst dann abgezogen. Dabei sollten Sie darauf achten, dass kein Trub, der sich bereits am Boden abgesetzt hat, mitgelangt. Noch besser ist es freilich, wenn der gesamte Wein filtriert wird.

Die gut verkorkten Flaschen werden nun im Keller gelagert. Seinen besten Geschmack entwickelt der Hagebuttenwein erst nach sehr langer Lagerung. So Sie genügend Geduld haben, sollten Sie ihn erst nach zwei Jahren genießen; noch besser mundet er aber nach noch längerer Lagerung.

HASELNUSS
(Corylus avellana)

Der Haselstrauch ist über ganz Europa verbreitet und gedeiht von der Ebene bis ins Mittelgebirge. Er ist ein Mittel- bis Großstrauch und wird bis zu 7 m hoch. Er ist nicht nur wegen seiner wohlschmeckenden Nüsse bekannt, sondern auch wegen seiner sehr schön gerade wachsenden Stocktriebe. Kinder verwenden diese mit einer Stärke von ca. 2 cm als Wurfspeere, Jäger stellen aus den etwas stärkeren und ebenso schön gerade gewachsenen Trieben ihre Berg- oder Pirschstöcke her.

Die sehr gut schmeckenden Haselnusskerne sind sehr ölreich; sie kommen als Handelsware vorwiegend aus dem südosteuropäischen und kleinasiatischen Raum.

Die rotblättrige Form, die sogenannte Bluthasel, wird gerne in Gärten und Parks gepflanzt.

HASELNUSSGEIST

Zum Ansetzen werden ca. ½ kg ausgelöste frische Haselnusskerne pro Liter Ansatzkorn (38–42%ig) benötigt. Es empfiehlt sich, die Kerne zumindest zu halbieren, denn dadurch werden sie besser ausgelaugt. Der Ansatz wird in einer Flasche oder einem gut verschließbaren Gefäß an einem warmen Ort für 6–8 Wochen aufgestellt und sollte einmal pro Woche gut durchgeschüttelt werden. Er erhält am Anfang eine eher weißlich-trübe Färbung. Später, nach dem Filtrieren und einer anschließend mehrwöchigen Lagerung, sollte er eine hellbraune Färbung aufweisen. Der Haselnussgeschmack muss voll entwickelt sein. Eine Zuckerzugabe ist nicht notwendig oder nach Geschmack durchzuführen.

HEIDELBEERE
(Schwarzbeere – *Vaccinium myrtillus*)

Sie findet sich von der Ebene bis ins Gebirge auf ca. 2.000 m Seehöhe, liebt den Halbschatten und gedeiht ausschließlich auf sauren Böden des Urgesteins oder, im Kalkgebiet, auf sauren Rohhumusauflagen. Ausgedehnte Heidelbeerflächen finden sich daher fast ausschließlich im Urgestein. Die Heidelbeere dient dem Bodenkundler als Säurezeiger.

Die Blüte der Heidelbeere ist unscheinbar und kugelig. Die Blütezeit erstreckt sich von April bis in den Juni. Die Früchte sind erbsengroß und reifen von Juli bis August. Die ganz reifen Beeren sind dunkelblau und hellbereift. Sie werden sehr gerne von Vögeln, wie der Drossel und den Raufußhühnern (Auer-, Birk- und Haselhuhn), angenommen. Auch Fuchs, Marder und Dachs naschen gerne mit.

Geerntet wird die Heidelbeere mit dem sogenannten Riffel, einer Art Rechen, der auf einem Becher sitzt. Im Volksmund gibt es auch einen lustigen Spruch über sie, der da lautet: „Iss keine roten Schwarzbeeren, denn sie sind noch ganz grün (unreif)!"

Heute gibt es auch schon Kulturformen von Heidelbeeren, die im Garten auf saurer Moorerde oder in Plantagen kultiviert werden. Ihre Früchte sind viel größer, lassen sich auf den hohen Stauden leicht pflücken und sehen sehr gut aus. Nur im Geschmack können sie sich mit den Waldheidelbeeren bei weitem nicht vergleichen.

HEIDELBEERLIKÖR
Er kommt zwar geschmacklich mit seinem Vetter, dem klar gebrannten Heidelbeerschnaps, nicht ganz mit, ist aber dennoch nicht zu verachten.

Rezept 1
Die gut ausgereiften Beeren werden sorgfältig von anhaftenden Blatteilen gereinigt und kommen anschließend in ein verschließbares Glasgefäß (falls die Möglichkeit besteht, ist es günstig, die gesäuberten Beeren, auf Papier aufgelegt, ein bis zwei Tage an der Sonne antrocknen zu lassen).

Heidelbeerlikör

Die eingefüllten Heidelbeeren werden mit Korn (2 l, 38–42%ig, pro 1 l Beeren) übergossen, und das gut verschlossene Gefäß wird für 5–6 Wochen an einen warmen Ort gestellt. Der Ansatz sollte öfters gut durchgeschüttelt werden. Nach dem Filtrieren sollte der Likör noch einige Zeit zum Reifen haben.

Die korngetränkten Früchte können für Eisbecher oder Mehlspeisen verwendet werden.

Bei der Verwendung vollreifer Beeren müsste der natürliche Zuckergehalt für jedermanns Geschmack ausreichen.

Rezept 2

2 l Heidelbeeren werden in einem Gefäß mit einer Gabel zerdrückt und, mit ein wenig Zucker überstreut, für 5–7 Tage in den Keller gestellt. Dann wird der Saft abgepresst. ½ l Wasser wird mit 500 g Zucker, etwas Zimtrinde und Nelken aufgekocht, dann kommt der Heidelbeersaft dazu, und anschließend wird das ganze nochmals ¼–½ Stunde gekocht. Nach dem Auskühlen 1½ l Korn- oder Obstbrand dazugeben, gut vermischen und in Flaschen abfüllen.

Heidelbeerwein

1½ kg Zucker werden in 3½ l Wasser aufgelöst. Die Zuckerlösung wird gemeinsam mit 1½ l Heidelbeersaft in ein Gärgefäß gegeben, mit einem Gärspund verschlossen und bei einer Temperatur von 20–25 °C aufgestellt. Nach der Gärung und dem Absetzen der Trubstoffe wird der nun fertige Wein mittels eines Schlauches vorsichtig auf Flaschen umgezogen und sollte im Keller noch einige Wochen lang nachreifen.

MISPEL (HESPERL)
(Mespillus germanica)

Die Urform der Mispel stammt aus dem Gebiet um das Kaspische Meer und wurde später durch die Griechen und Römer nach Süd- und Mitteleuropa gebracht.

Sie ist eine anspruchslose Gehölzart, die leichte und kalkhaltige Lehmböden liebt, und blüht mit weißen, einzelnen Blüten von Mai bis Anfang Juni.

Ihre mit fünf „Kelchzipfeln" versehenen Früchte reifen gegen Ende Oktober und werden erst nach den ersten Frösten genießbar. Sie weisen ein teigiges Fruchtfleisch auf. Mispeln sind wegen ihres geringen Bekanntheitsgrades nicht überall erhältlich.

HESPERLGEIST

Für den Ansatz werden ca. 1 kg Früchte pro 1½ bis 2 l Korn benötigt. Sie werden halbiert und mit dem Korn in einem verschließbaren Gefäß angesetzt. Der Ansatz bleibt ca. 6 Wochen an einem warmen Ort stehen, sollte aber zwischendurch öfter durchgeschüttelt werden. Dann wird filtriert und in Flaschen abgezogen. Im Keller sollte der Hesperlgeist noch nachreifen können. Zuckerzusatz ist nicht mehr nötig. Der Geschmack sollte schön fruchtig sein.

HIMBEERE
(Rubus idaeus)

Die wilde Himbeere kommt fast überall vor. Sie gedeiht von der Ebene bis in Höhen von 1.800 m. Vor allem ist sie auf älteren Waldschlägen und als Unterwuchs im lichteren Altholz zu finden. Sie liebt sonnige Hänge. Auf den Schlägen kann sie für die jungen, gepflanzten Bäumchen zum Problem werden, da sie als ausläufertreibende Pflanze einen zu dichten Konkurrenzbewuchs bildet. Nur bei hohem Rotwildbestand finden sich keine Himbeerruten, da sie mit Vorliebe abgeäst werden. Ihr Vorkommen zeigt immer beste Böden an.

Blütezeit von Mai bis Juni. Die Blüten sind weiß und eher unscheinbar. Ihre „Sammelfrüchte" reifen von Juli bis Anfang September. Nur die reifen Früchte lassen sich ganz leicht vom Blütenboden lösen. Sie werden sehr gerne von Vögeln und anderen Waldbewohnern, wie Dachs, Fuchs, Marder, aber auch vom Braunbären verzehrt. Leider sind oft sehr viele Früchte wurmig.

Von der Himbeere gibt es auch eine Vielzahl an großfrüchtigen Kulturformen, die in Plantagen oder im Garten kultiviert werden. Die Triebe sind 1½-jährig und müssen, nachdem sie getragen haben, abgeschnitten werden, damit die nachwachsenden Platz haben.

HIMBEERLIKÖR

Himbeeren eignen sich nicht nur für gute Brände, Saftkonzentrate und Konfitüren, sondern auch für ganz hervorragende Liköre. Dabei ist den wild wachsenden Himbeeren gegenüber den Zuchthimbeeren der Vorzug zu geben, da ihr Geschmack noch intensiver ist.

Die vollreifen, frisch und „wurmlos" gepflückten Früchte werden in eine große Flasche oder in ein großes, verschließbares Glas gegeben und mit 38–42%igem Korn übergossen (1 l Himbeeren – 1½ l Korn).

Der Ansatz bleibt 4–5 Wochen lang an einem warmen, hellen Ort stehen, wobei er eine sehr schöne hellrote Färbung bekommt.

Nach ca. 5 Wochen wird er von den nun unansehnlich gewordenen, ausgebleichten Früchten abgezogen und filtriert.

Waren die Früchte ganz reif, so bedarf der Likör gewiss keiner geschmacklichen Nachbehandlung, sondern nur mehr einer mehrwöchigen Reifelagerung im dunklen Keller.

Beim Genuss sollte der Likör den Geschmack von vollreifen Himbeeren haben. Einen noch feineren, etwas runderen Geschmack bekommt er, wenn statt des Korns ein guter Weinbrand für den Ansatz verwendet oder dem Kornansatz ca. ⅛ l Cognac auf 2 l beigemischt wird.

Der Likör sollte innerhalb eines Jahres getrunken werden, da er relativ rasch an Aroma verliert.

Schwarzer Holunder
(Holler – *Sambucus nigra*)

Der Holunderbusch oder -baum ist allgemein bekannt und bedarf keiner näheren Beschreibung. Er wächst praktisch überall bis in eine Seehöhe von ca. 1.200 m, liebt nährstoffreiche, tiefgründige Böden und steht als Unterholz im Wald oder auch auf freien, sonnigen Plätzen.

Die Blütezeit erstreckt sich über die Monate Mai und Juni. Die Blüten sind gelblichweiß und in flachen Trugdolden angeordnet. Sie verbreiten einen ganz eigenen Duft und werden in der Küche für die Bereitung von Hollerkrapfen (in Tropfteig getaucht und anschließend in Fett herausgebacken), Hollersirup oder Hollersekt verwendet.

Die Früchte reifen von August bis September und werden von vielen Vogelarten sehr gerne verspeist. Sie sind aber auch Ausgangsprodukt für Hollerröster (-kompott oder -mus), Hollerlikör und -wein.

Holunderlikör aus Blüten

Die Herstellung von Likör aus Hollerfrüchten ist sehr bekannt, aber nur wenige wissen, dass sich auch aus den Holunderblüten ein vorzüglicher Ansatz bereiten lässt.

Dazu werden die frisch gepflückten Blütendolden gut in kaltem Wasser gewaschen. Anschließend kommen sie, mit den Blüten nach unten, auf ein saugfähiges Papier zum Trocknen. Die dicken Mittelstiele werden mit einer Schere abgeschnitten. Für dieses Rezept werden ca. 100 g abgetrocknete Blüten abwechselnd mit den Scheiben von 2 unbehandelten Zitronen in ein Gefäß geschichtet. Dazu kommen noch der Saft von 2–3 ausgepressten Zitronen und 300–400 g Zucker, der vorher in ¼ l Wasser aufgelöst wurde. Das Gefäß wird mit einem Tuch oder einer Folie abgedeckt und ca. eine Woche stehen gelassen. Nach dem Abseihen durch ein Tuch wird der Ansatz mit 1½ l Obstbrand oder Korn vermischt und in Flaschen gefüllt. Kühl aufbewahren!

Einen etwas anderen Geschmack erreichen Sie, wenn Sie die Hollerblüten mit den Scheiben von 2 Zitronen sowie einigen großen Kristallen von Kandiszucker direkt in 1 l Korn ansetzen. Den Ansatz für 5–7 Wochen an einen warmen Ort stellen und anschließend filtrieren. Nach dem Verkosten kann die Süße noch mit Kandiszucker oder mit in Wein oder Wasser aufgelöstem Zucker variiert werden.

Holunderlikör aus Früchten

Hollerlikör aus Früchten kann nach sehr vielen ähnlichen Rezepten hergestellt werden. Grundsätzlich wird er aber entweder als Ansatzlikör oder als verkochter Likör bereitet.

Ansatzlikör

Ganz reife, von den Stielen gesäuberte Hollerbeeren werden mit Korn in einer großen Flasche angesetzt (1 l Beeren – 1½ l 38–42 %iger Korn). Die Flasche wird verschlossen für die ersten 3 Wochen an die Sonne gestellt und muss öfter durchgeschüttelt werden. Nach weiteren 3 Wochen, in denen sie ruhig an einem warmen, aber nicht mehr sonnigen Platz stehen sollte, wird abgezogen und filtriert.

Nach dem Verkosten wird je nach Geschmack gesüßt, am besten mit in heißem Rotwein aufgelöstem Kandiszucker.

Der Likör sollte einige Monate im Keller nachreifen.

Verkochter Likör

2½ l ganz reife, abgerebelte (entstielte) Hollerbeeren werden unter Zugabe von 1–1½ l Wasser 30 Min. lang gekocht und anschließend durch ein Tuch gepresst.

Der erhaltene Saft wird je nach gewünschter Süße mit ½–1 kg Zucker nochmals aufgekocht. Zur Geschmacksverfeinerung werden auch einige Gewürznelken, 1 Stück Zimtrinde und eine Vanilleschote dazugegeben. Wenn sich der Zucker vollständig aufgelöst hat, nochmals abseihen und zum Auskühlen stellen! Der nun süße, kühle Saft wird jetzt mit 3/4 l Weingeist oder mit 2 l Korn- oder Obstbrand (38–42 %ig) vermischt und in Flaschen abgefüllt.

Hollerlikör aus Hollersaft

Der Hollersaft wird am besten mit dem Dampfentsafter gewonnen. Man könnte aber auch kleinere Mengen Hollerbeeren (1–3 kg) in einem großen Topf mit etwas Wasser längere Zeit kochen und den Saft durch ein Tuch auspressen.

Für diesen Likör gebe ich Ihnen Prozentangaben an, da man ja nie weiß, wie viel Saft man gewinnen wird. Hier das Rezept:
40 % Hollersaft
20 % Weingeist (96 %ig)
30 % Ansatzkorn (38 %ig)
10 % Rotwein mit Zucker
Der Rotwein wird erhitzt und darin die gewünschte Zuckermenge aufgelöst und noch lauwarm den anderen Zutaten beigegeben. Das Ganze gut durchschütteln und einige Wochen reifen lassen.

HOLLERWEIN

Für die Bereitung von Hollerwein werden 3 l vollreife, abgerebelte Hollerbeeren mit 6 l Wasser und 2 kg Zucker kurz aufgekocht. Nach dem Auskühlen wird das Ganze in einen Gärballon oder in ein Gärgefäß gefüllt. Für die Gärung kommen noch 30 g Germ (Backhefe) hinzu. Das Gefäß wird mit einem Gärspund verschlossen. Nach 2–3 Wochen Gärung sinken dann die Beeren zu Boden. Haben sich alle Beeren abgesetzt, so wird abgezogen und filtriert. Nach dem Abfüllen in Flaschen werden diese gut verschlossen (verkorkt) im Keller aufbewahrt, wo sie noch einige Zeit nachlagern sollten.

Wenn Sie einen süßen Holunderwein wünschen, müssen Sie noch vor dem Filtrieren in Wasser gesponnenen Zucker je nach Bedarf dazugeben!

HOLLERSEKT

Für diesen werden die Blüten des Holunders, nicht die Früchte, verwendet.

Von etwa 20 Hollerblütendolden werden die Blüten abgezupft oder knapp unter dem Blütenboden mit einer Schere abgeschnitten. Die Blüten kommen mit 7 l Wasser, 2 Zitronen, 800 g Zucker und 3/4 l Weinessig in ein Gefäß (Fass oder Schaff). Die unbehandelten Zitronen werden in Scheiben geschnitten und samt der Schale dazugegeben. Das Ganze wird öfter umgerührt, nach ca. 24 Stunden durch ein Leinentuch abgeseiht und in Flaschen gefüllt.

Soll der Hollersekt stärker moussieren, werden in jede Flasche 2–3 Reiskörner gegeben. Die Flaschen müssen sehr sorgfältig verschlossen werden!

Ausgezeichnet eignen sich alte Sektflaschen, die sich mit den aufgehobenen Plastikstöpseln wieder gut verschließen lassen. Die Verschlüsse sollten aber sicherheitshalber noch mit einem darüber gebundenen Bindfaden gesichert werden (siehe Apothekerknoten Seite 35).

Die Flaschen werden stehend im kühlen Keller aufbewahrt. Nach ungefähr 3–4 Wochen ist der Hollersekt trinkfertig. Vorsicht beim Öffnen der Flaschen!

Hopfen
(Humulus lupulus)

Höchstwahrscheinlich ist Ihnen der Hopfen nur als Bestandteil des Bieres bekannt. Für diesen Zweck wird er in einigen Gegenden Europas, meist in geschlossenen Anbaugebieten, in sogenannten „Hopfengärten" gezogen. Er ist eine ausdauernde Schlingpflanze, deren Wurzelstock jedes Jahr aufs neue seine einige Meter langen Ranken austreibt.

Wilder Hopfen hingegen ist fast überall, außer in Berglagen, zu finden. Er bevorzugt feuchtere Standorte und Augehölze, wo er sich an Sträuchern oder Bäumen empor rankt.

Seine Blütezeit liegt im September. Die weiblichen Blüten werden als Dolden bezeichnet; sie enthalten das Ferment Lupulin, welches für den schönen herben Duft und Geschmack des Hopfens sorgt. Und genau dieser Geschmack verleiht dem Bier seine würzige Herbheit.

Hopfengeist

Hopfengeist ist ganz einfach zuzubereiten. Er ist aber nicht jedermanns Geschmack, da er ziemlich herb und bitter schmeckt. Manche Mitmenschen lieben aber gerade diese Geschmacksrichtung besonders.

Für die Herstellung von Hopfengeist wird eine Handvoll schon leicht gelblicher Hopfenblüten (Dolden) in 1 l Korn (38–42%ig) angesetzt. Der Ansatz bleibt dann für 6–8 Wochen an einem hellen, warmen Ort stehen. Nach Ablauf dieser Zeit wird filtriert und in Flaschen gefüllt. So Sie wollen, können Sie vorher noch mit Kandiszucker süßen.

Der Geist sollte einige Wochen im Keller nachreifen!

HUFLATTICH
(Tussilago farfara)

Huflattichblüten dürften jedermann bekannt sein, denn sie sind nach den Schneeglöckchen die ersten, die an südseitigen oder geschützten Stellen aus dem noch kaum aufgetauten Boden dunkelgelb hervorleuchten. Die Blüte erstreckt sich von Februar bis April, noch bevor sich die ersten Blattspitzen aus der Erde drängen.

Der Huflattich vermehrt sich meist durch Wurzelausläufer. Man findet ihn häufig an schattigen Stellen oder an Ackerrändern und feuchten Ufern. Seine Blätter erkennt man an dem weißfilzigen Belag an ihrer Unterseite. Sie können jung als Wildgemüse genutzt werden.

HUFLATTICHGEIST
Dafür setzt man die frisch aufgeblühten Blütenköpfchen in Kornbrand an (ca. 3–4 „offene" Handvoll Blüten auf 1 l Korn). Der Ansatz wird in einem geschlossenen Gefäß ca. 4–5 Wochen lang an einem warmen Ort aufgestellt, filtriert und in Flaschen abgezogen. Er sollte eine grünlichgelbe Färbung aufweisen. Der Huflattichgeist ist nicht jedermanns Geschmack, kann aber auch als Naturmedizin genossen werden.

JOHANNISBEERE
(Ribisel – *Ribes*)

Dieser Strauch bedarf eigentlich keiner besonderen Erklärung, da er jedermann als Gartengewächs bekannt ist. Seine Kulturformen stammen alle von Wildformen ab, die bei uns heimisch sind, an denen jedoch meist achtlos vorbeigegangen wird. Sie erreichen eine Höhe bis zu 2 m und tragen rote, recht säuerliche Beeren. Als Varietät der Roten Ribisel kommt die Weiße Ribisel vor. Die Schwarze Johannisbeere *(Ribes nigrum)* gedeiht wild vor allem in Au- und Bruchwäldern der Ebenen und Flusstäler. Dieser Strauch wird bis 1,7 m hoch und ist auch an seinem typischen wanzenartigen Geruch zu erkennen.

Von diesen beiden Arten gibt es eine Unzahl an Kulturformen, die uns mit ihrer köstlichen Frucht erfreuen. Da die Johannisbeersträucher sehr frosthart sind, findet man sie bis hoch in die Berglagen.

Das Auftreten von Spätfrösten hat hingegen größte Bedeutung für die Blüte und kann so wie feuchtkaltes Blühwetter zur Verrieselung (Abfallen der Beeren von der Rispe) führen.

JOHANNISBEER-(RIBISEL-)LIKÖR

Rezept 1
Die abgerebelten, gut ausgereiften Schwarzen Johannisbeeren kommen zusammen mit dem Ansatzschnaps in ein verschließbares Glasgefäß, das dann für 6–8 Wochen an einen warmen Ort gestellt wird (auf 1 kg Beeren kommen 1½ l ca. 38–42%iger Korn- oder Obstbrand). Nach Ablauf der oben angegebenen Zeit wird filtriert und in Flaschen abgefüllt.
Vor dem Genuss sollte der Likör noch möglichst lange im Keller lagern! Schon zum Ansatz können Sie ein Stückchen Zimtrinde, einige Gewürznelken und etwas Sternanis geben. So Sie den Likör süß haben wollen, geben Sie je nach Geschmack Kandiszucker, der in heißem Rotwein aufgelöst wurde, dazu. Möchten Sie jedoch in Ihrem Likör etwas Säure haben, dann ersetzen Sie ein Viertel der Schwarzen Johannisbeeren durch Rote.
Die ausgelaugten, aber noch alkoholhältigen Beeren können Sie in den Rumtopf geben oder zum Garnieren von Eis oder Mehlspeisen verwenden.

Rezept 2
1 l roter, schwarzer oder auch gemischter Johannisbeersaft wird mit 500–800 g Zucker und 2–2½ l 38–42%igem Korn vermischt, bis sich der Zucker aufgelöst hat. Dann in Flaschen abfüllen, diese verschließen und im Keller lagern.
Es kann vorkommen, dass ein Teil des Likörs geliert. Dies kann durch Zugabe von weiterem Korn behoben werden. Besser ist es aber, den Fruchtsaft mit einem pektinspaltenden Enzym zu behandeln.

JOHANNISBEER-(RIBISEL-)WEIN

Er erfreut sich mancherorts großer Beliebtheit, muss nicht im Geschäft gekauft werden, sondern lässt sich relativ einfach und ohne große Aufwendungen selbst herstellen. Dabei können Sie selbst entscheiden, ob der Ribiselwein als süßer, starker Dessertwein oder als leichter, trockener Wein „angelegt" werden soll.

Für die Bereitung von rotem Ribiselwein als Dessertwein werden 1 Teil Ribiselsaft, 1 Teil Zucker und 2 Teile Wasser genommen. Der Zucker (meist Kristallzucker) wird im Wasser aufgelöst und anschließend mit dem Saft in ein Gärgefäß (Fässchen oder Ballon) gegeben. Dieses wird nach Zugabe von Reinzuchthefe mit einem Gärspund verschlossen. Die Reinzuchthefe ist nicht unbedingt erforderlich, sie verhindert aber weitgehend Fehlgärungen. Die beste Gärtemperatur liegt bei ca. 20 °C. Wenn der Wein klar geworden ist, wird er abgezogen, in Flaschen gefüllt und im Keller gelagert.

Soll er nicht zu schwer und trockener sein, so wird die Zusammensetzung auf 1 Teil Saft, ½ Teil Zucker und 1½ Teile Wasser reduziert.

JOSTABEERE
(Ribes x nidigrolaria)

Die Jostabeere, eine Kreuzung zwischen Schwarzer Johannisbeere und Stachelbeere, ist erst in den letzten Jahren bekannt geworden. In ihrem Geschmack sind beide Früchte vereint. Sie ist sehr ertragstreu, wuchskräftig und robust und lässt sich leicht durch Absenker, aber auch durch Stecklinge vermehren. Achten Sie bei der Pflanzung auf den Pflanzabstand! Der Jostastrauch wird größer und benötigt daher auch mehr Platz als die Johannisbeere. Aus der Jostabeere lässt sich auch eine vorzüglich schmeckende Marmelade bereiten.

JOSTALIKÖR

Dafür werden ganz reife Früchte verwendet. Am besten sind sie, wenn sie – noch am Strauch hängend – schon eine etwas ledrige Haut haben.

Auf 1 l Früchte werden 2 l Korn (38–42%ig) genommen. Die kalt abgespülten Früchte kommen mit dem Korn in ein gut verschließbares Glasgefäß, das dann für 8 Wochen warm und hell aufgestellt wird. Danach wird filtriert, verkostet und eventuell nachgesüßt.

Das Nachsüßen wird hier am besten mit in Rotwein aufgelöstem Kandiszucker durchgeführt. Wenn Sie wünschen, können Sie einige Gewürznelken und etwas Zimtrinde dazugeben.

Der Likör sollte mindestens 3 Monate im Keller nachreifen!

KALMUS
(Acorus calamus)

Der Kalmus zählt zu den Aronstabgewächsen und ist der einzige ungiftige Vertreter dieser Familie. Er ist ausdauernd und wächst an den Ufern von stehenden oder sehr langsam fließenden Gewässern.

Seine Blüten bilden einen Kolben, der seitlich aus den bis zu 1 Meter langen schwertförmigen Blättern herausragt. Die Blätter sind an ihrem Rand oft wellig. Vermehrt wird der Kalmus in unseren Breiten nur durch Wurzelstücke, da er in unserem Klima keine Samen ausbilden kann.

Ursprünglich stammt er aus dem tropischen Ostasien. Heute findet man ihn fast in jedem Garten oder Schwimmteich als Bepflanzung.

Für den Ansatzschnaps wird die Wurzel, die waagrechte Ausläufer bildet, verwendet.

KALMUSBITTER

Die frisch geerntete Wurzel muss gründlich gereinigt und geschrubbt werden, damit sie nicht „mooselt" (nach Sumpf schmeckt). Die gesäuberte Wurzel in kleine Stücke schneiden und in 40%igem Korn oder Obstbrand ansetzen. Für 1 l Ansatz ein ca. fingerlanges Wurzelstück oder mehr nehmen. Der Ansatz sollte zumindest 8 Wochen warm gestellt werden. Danach filtrieren oder man kann die Wurzelstücke auch im Ansatz belassen. Nach Bedarf mit Kandiszucker süßen. Der Ansatz eignet sich auch hervorragend für Kräuterbitter.

Kletzenbirne

Bei Kletzenbirnen handelt es sich um Mostbirnen, die, nachdem sie vom Baum gefallen sind, noch am Boden liegen bleiben und nachreifen. So wird aus den zuvor zum direkten Verzehr eher ungeeigneten, stark gerbsäurehaltigen, herben Birnen eine süße Delikatesse. Die Früchte werden von innen her weich und braun und zugleich süß, wobei sie ihre Herbheit verlieren. Sie werden gedörrt, und man nennt sie dann eben Kletzen. Verwendet werden diese Dörrfrüchte für das bekannte vorweihnachtliche Früchtebrot, dem nach ihnen benannten „Kletzenbrot".

Kletzenlikör (-geist)

Für Kletzengeist werden 1 kg halbierte, gedörrte Früchte in ca. 1½ bis 2½ l Obst- oder Kornbrand angesetzt. Die Menge des letzteren richtet sich danach, wie süß oder weniger süß der Ansatz werden soll. Das Ganze kommt für ca. 6 Wochen an einen warmen Ort, wird anschließend filtriert und in Flaschen abgefüllt. Der Kletzengeist ist sofort trinkbar, wird aber durch Lagerung noch besser. Die kornbrandgetränkten Früchte lassen sich gut im Kletzenbrot oder bei einer Zwetschkenwurst sowie für gefüllte Lebkuchen verwerten.

Kletzenbirnen können auch hervorragend zum Süßen von anderen Ansätzen verwendet werden. Sie ergeben, vorsichtig eingesetzt, eine milde, runde Süße.

Kletzenlikör

KRÄUTERBITTER

> Bitter- und Kräuterliköre gibt es unzählige im Handel, ja sogar als „Gesundheitstrank" in Apotheken. Fast jedes Kloster hat ein eigenes Rezept, das streng geheim gehalten und nur innerhalb des Klosters (nicht einmal innerhalb des Ordens) überliefert wird.
>
> Es ist aber nicht so schwer, sich seinen eigenen Kräuterbitter herzustellen, denn Rezepturen dafür findet man in fast allen Büchern, die sich mit der Bereitung von Ansatzschnäpsen und Likören beschäftigen. Da dazu meist nur geringe Mengen an getrockneten Kräutern, Wurzeln und Gewürzen notwendig sind, beschafft man sich diese am besten in der Apotheke oder man kauft sich gleich eine der angebotenen Fertigmischungen.

Nachstehend ein Rezept-Beispiel für so einen Kräuterbitter:

> 2 g Engelwurz, 2 g Engelwurzsamen, 1 g Nelken, 1 g Zimt,
> 2 g Melissenkraut, 2 g Beifuß, 1 g Kardamom, 6 g Koriander,
> 2 l Weingeist (96%ig), 1,5 kg Zucker, 2,5 l Wasser.

Die Kräuter und Gewürze im Weingeist für 10 Tage ansetzen. Nach dieser Zeit wird der Zucker in der angegebenen Menge Wasser aufgekocht und nach dem Erkalten dem Ansatz beigegeben. Diese Mischung bleibt dann noch zwei Tage stehen und wird anschließend filtriert und abgefüllt.

> Bitterliköre sollten immer Zeit zum Nachreifen haben, da sie erst dann ihren vollen Geschmack entfalten. Die einzelnen Aromen müssen erst „zusammenwachsen".

Für mich viel spannender ist es aber, aus den unterschiedlichen, selbst bereiteten Ansätzen einen eigenen Bitterlikör zu „komponieren".
Dazu ist es vorerst wichtig, dass man sich eine Vielzahl von Ansätzen bereitet. Am besten macht man dies in kleinen Marmeladengläsern oder Flaschen mit Schraubverschluss. Ansetzen kann man die einzelnen „Drogen" in Weingeist oder 40%igem Korn. Ich bevorzuge Korn, da ich dann nicht mehr verdünnen muss.
Sind die einzelnen Ansätze fertig, so beginnt die eigentliche Kreativarbeit – das Mischen der einzelnen Komponenten. Vorsicht ist dabei mit der zugesetzten Menge von Bitteransätzen, z. B. von Enzian, geboten, damit der bittere Geschmack nicht alles andere übertönt. Ein weiterer wichtiger Schritt ist, den richtigen Süßegrad zu erreichen. Das macht man am

Rezeptteil

Besten durch Zugabe von braunem Kandiszucker. Aber Vorsicht bei der Dosierung, obwohl die Bitterliköre doch meist etwas mehr Süße verlangen. Lieber Nachsüßen, denn Entfernen kann man den Zucker nicht mehr!

> **Mein Tipp!**
>
> Alles mit Kleinstmengen versuchen und erst wenn man „seine" Mischung gefunden hat, in die Großproduktion einsteigen. Nicht vergessen: reifen lassen!

Welche Kräuter, Früchte, Wurzeln und Gewürze eignen sich für die Bitterlikörbereitung?

> **Wurzeln:** Enzian, Engelwurz, Meisterwurz, Blutwurz, Nelkwurz, Bibernellwurzel, Kalmus …
> **Kräuter:** Beifuß, Tausendguldenkraut, Melisse, Minze, Kamille, Hopfen …
> **Früchte:** Kletzen (Dörrbirnen), Weißdorn …
> **Gewürze:** Koriander, Ingwer, Zimt, Nelken, Sternanis, Wacholder, Salbei, Rosmarin, Vanille, Kardamom …

Wichtig ist auch, die Zutaten und die beigegebene Menge zu notieren und den einzelnen „Probeansätzen" zuzuordnen. Ich messe mir die Mengen im Milliliterbereich heraus, gebe den einzelnen Mischungen eine

Probeansätze mit notierten Zusammensetzungen

Nummer, unter der ich die Zusammensetzung notiere. Später rechne ich auf Prozent um, wobei es dabei leicht möglich ist, die Probemengen auf 100 % auf- oder abzurunden, d. h., ml ist dann gleich % der verwendeten Ansätze.

Nachstehend sieben Beispiele meiner Probemischungen:

Beispiel 1
15 ml Meisterwurz
7 ml Tausendguldenkraut
3 ml Vanille
25 ml Kamille
20 ml Engelwurz
30 ml Kletzenlikör

Beispiel 2
5 ml Enzian
20 ml Kalmus
10 ml Nelkwurz
10 ml Koriander
10 ml Ingwer
5 ml Sternanis
1 ml Zimt
39 ml Bierlikör

Beispiel 3
8 ml Alant
5 ml Kalmus
8 ml Koriander
15 ml Hopfen
2 ml Zimt
2 ml Nelken
30 ml Weißdornfrüchte
30 ml Pfefferminze

Beispiel 4
13 ml Nelkenwurz
2 ml Rosmarin
10 ml Hopfen
10 ml Sternanis
20 ml Wacholder
20 ml Bierlikör
10 ml Ingwer
10 ml Melisse
5 ml Salbei

Beispiel 5
40 ml Blutwurz
20 ml Kletzenlikör
20 ml Kamille
2 ml Zimt
3 ml Nelken
5 ml Sternanis
5 ml Minze
5 ml Ingwer

Beispiel 6
30 ml Blutwurz
20 ml Meisterwurz
5 ml Tausendguldenkraut
5 ml Sternanis
20 ml Kamille
2 ml Vanille
5 ml Ingwer
13 ml Zuckerkraut oder Stevia

Beispiel 7
40 ml Bierlikör
20 ml Kamille
2 ml Nelken
2 ml Zimt
4 ml Sternanis
10 ml Nelkenwurz
10 ml Blutwurz
10 ml Weißdornfrüchte
2 ml Enzian

Alle sieben von mir probierten Zusammenstellungen hatten einen eigenen, recht guten Geschmack, und es fällt einem schwer, den besten daraus auszusuchen, um darauf in die „Großproduktion" einzusteigen. Am zielführendsten ist eine Verkostung, an der drei bis fünf Personen teilnehmen.

Sie sehen, der eigenen Fantasie sind hier fast keine Grenzen gesetzt und jeder kann sich an seine besondere Mischung herantasten!

MEISTERWURZ
(Peucedanum ostruthium)

Die Meisterwurz, ihr früherer lateinischer Name lautete Imperatoria, findet man hauptsächlich in Latschen- und Grünerlengebüschen sowie in feuchten Schluchten der Alpen ab einer Seehöhe von ca. 1.400 m. Sie zählt zur Familie der Doldenblütler und wird bis zu 1 m hoch.

In manchen Gegenden ist sie aus der Volksmedizin nicht mehr wegzudenken und wird darum auch verstärkt in der Schnapsproduktion (Tirol) und für Ansätze verwendet. Dazu benötigt man ihre Wurzel, die einen herrlichen bitteren Geschmack hat. Für den Laien ist es aber nicht so leicht, an die Pflanze zu kommen, so dass es sicherlich besser ist, die getrocknete Wurzel in der Apotheke zu besorgen.

Sie eignet sich auch hervorragend für Bitter- und Kräuterliköre.

MEISTERWURZGEIST

Die von den Seitenwurzeln befreite und gut gereinigte Wurzel wird in ½ cm lange Stücke zerschnitten und in den Ansetzalkohol gegeben. Am besten eignet sich auch hier wieder 40%iger Kornbrand oder guter Obstbrand. Dabei reicht eine fingerlange Wurzel für 1 l Ansatz, der nach einiger Zeit leicht gelblich wird. Die Wurzelstücke kann man in dem Ansatz belassen, der nach ca. 5–6 Wochen schon trinkbar ist. Wer will, kann mit Kandiszucker süßen.

MIRABELLEN (KRIECHERLN)
(Prunus domestica)

Die Kriecherln gehören zu den Zwetschken, Pflaumen und Ringlotten. Sie stammen von der Kriechenpflaume *(Prunus insititia)* ab. Bekannt sind die beiden Sorten Mirabelle von Nancy und Mirabelle von Metz. Ihr Hauptanbaugebiet liegt in Frankreich. Sie haben kleine, fleischfeste, gelblich-rötliche, gut steinlösende Früchte, die sehr gut schmecken. Wild aufgegangene Kriecherln weisen ganz ähnliche Früchte auf, nur lassen sich die Kerne nicht so leicht herauslösen.

Die sehr wuchskräftigen Bäume müssen immer gut ausgelichtet werden, da sie sehr stark zur Verdichtung neigen.

Verwendet werden die Kriecherln für den Frischgenuss, für Marmelade und für den bekannten Kriecherlbrand.

KRIECHERLGEIST
Für den Kriecherlgeist werden die Früchte entkernt, halbiert in ein verschließbares Ansatzgefäß gegeben und mit Ansatzkorn übergossen. Für 1 kg Früchte nimmt man, je nach Reife und Geschmacksintensität der Früchte, 1½–2½ l Korn (40%ig). Der Ansatz wird 6 Wochen lang an einem warmen Ort aufgestellt, einmal wöchentlich geschüttelt, danach filtriert und in Flaschen abgezogen. Ein Nachsüßen ist meist nicht nötig. Der Kriecherlgeist sollte noch einige Wochen im Keller nachreifen können.

KÜMMEL
(Carum carvi)

Der Kümmel zählt, wie z. B. die Petersilie oder die Bibernelle, zu den Doldenblütlern. Viele von Ihnen kennen den als Gewürz in der Küche sehr vielseitig verwendbaren Samen. Als Wiesenpflanze ist der Kümmel jedoch sehr unscheinbar.

Ein gutes Erkennungszeichen sind seine ganz nahe am Pflanzenstängel gekreuzten Fiederblättchen. Er wächst auf frischen Fettwiesen und -weiden, an Wegrändern und wird auch als Kulturpflanze angebaut.

Er ist eine überjährige Pflanze, d. h. er blüht und entwickelt seine Samen erst im zweiten Standjahr.

Da es sehr mühsam ist, den Samen des wild wachsenden Kümmels zu sammeln, sollten Sie für die Likörbereitung nur gekauften Kümmel verwenden.

KÜMMELLIKÖR

Kümmellikör schmeckt kräftig und wird gerne als Abschluss eines opulenten Essens getrunken.

Rezept 1

Für die Likörbereitung werden 6–7 Esslöffel Kümmel in 1½ l guten, 38–42%igen Korn gegeben. Das verschlossene Glasgefäß wird anschließend für ca. 2 Wochen an einen sonnigen, warmen Platz gestellt. Der Ansatz muss in dieser Zeit öfter durchgeschüttelt werden. Nach diesen 2 Wochen wird gesüßt. Dazu werden in ¼ Wasser – je nachdem, wie süß der Likör werden soll – 300–600 g Zucker aufgekocht, bis sich dieser vollständig aufgelöst hat. Noch lauwarm, wird das Zuckerwasser mit dem Kümmelansatz vermischt. Diese Mischung bleibt 2 Tage lang stehen, dann wird abfiltriert. Der fertige Likör muss noch einige Zeit im Keller reifen. Der Aufbewahrungsort von Kümmellikör muss dunkel sein.

Rezept 2

3 Kaffeelöffel Kümmel werden in ½ l heißes Wasser gegeben. Nach dem Auskühlen kommen noch ½ l kaltes Wasser und ½ l Weingeist dazu. Der Ansatz wird für 1 Woche an einen warmen Platz gestellt und muss öfters gut durchgeschüttelt werden.

Nach dem Abseihen kommen noch 300–400 g Zucker, der in wenig Wasser gesponnen wurde, dazu. Nach gutem Durchmischen wird der Likör in Flaschen gefüllt und soll vor seinem Genuss noch einige Zeit im Keller gelagert werden.

Rezept 3
3–4 gehäufte Esslöffel Kümmel und 1–2 Kletzen (Dörrbirnen) (Abb. 1) in ein Ansatzgefäss (Abb. 2) geben und mit 1 Liter 38–42%igem Korn – oder gutem Obstbrand – übergießen (Abb. 3). Für ca. 6 Woche an einen warmen Ort stellen und öfter schütteln (Abb. 4). Danach abseihen oder filtrieren und in Flaschen füllen.

Kümmellikör

LATSCHE
(Legföhre – *Pinus mugo*)

Die Latsche ist jedem Bergwanderer bekannt und muss nicht näher beschrieben werden. Man findet sie nicht nur in den Alpen, sondern z. B. auch im Schwarzwald, in den Vogesen und im Böhmerwald.
Sie ist eine Pionierholzart in der Kampfzone des Waldes, im alpinen Bereich genauso wie in Mooren, und bedeckt oft große, zusammenhängende Flächen, die nur sehr schwer zu durchdringen sind. Viele Almen sind durch das Roden (Schwenden) von Latschenfeldern entstanden.

LATSCHENGEIST
Für 1 l Latschengeist werden ca. ein Dutzend noch grüne, weiche Latschenzapfen benötigt. Sie werden geviertelt und kommen mit dem Ansatzschnaps (1 l Korn- oder Obstbrand, 38 bis 42%ig) und etwas Kandiszucker in ein verschließbares Glasgefäß. Dieses wird für 6–7 Wochen an einen warmen Platz gestellt. Danach wird filtriert und eventuell mit Kandiszucker nachgesüßt.

Der Latschengeist sollte mindestens 3 Monate im Keller nachreifen!

Der harzige, etwas bittere Geschmack verleiht ihm eine ganz besondere Note. Er kann auch Liebhabern von Zirbengeist helfen, so sie einmal für längere Zeit an keine Zirbenzapfen gelangen.

LÄRCHE
(Larix decidua)

Die Lärche ist unsere einzige heimische Nadelbaumart, die ihre Nadeln im Herbst abwirft. Zuvor verleiht sie dem Bergwald seine unvergleichlich schöne goldgelbe Färbung. Sie gedeiht vom Flachland bis zur Baumgrenze in 2.400 m Seehöhe. Durch das Abwerfen der Nadeln ist sie besonders frostbeständig und gegen Umweltschäden unempfindlicher.

Die Nadeln selbst sind 2–3 cm lang und sitzen an sogenannten „Kurztrieben" in Büscheln bis zu 30 Stück. An „Langtrieben" hingegen stehen sie einzeln. Sie sind weich und hellgrün. Da die Lärche eine Lichtbaumart ist, wächst sie immer über die anderen Baumarten hinaus oder steht in losen Waldverbänden.

LÄRCHENGEIST

Dafür werden die purpurroten, aufrechten Zäpfchen, die sich gleich nach dem Nadelaustrieb bilden, verwendet. Es handelt sich dabei um die weibliche Blüte der Lärche, die sich später zum Lärchenzapfen auswächst.

Diese Zäpfchen werden gesammelt und mit Korn in einem gut verschließbaren Glasgefäß angesetzt (eine Handvoll Zäpfchen auf 1 l Korn, 38 bis 42 %ig). Das Gefäß wird für 5–6 Wochen an einen warmen, hellen Platz gestellt. Anschließend wird filtriert. Nach dem Verkosten kann je nach Geschmacksrichtung mit Kandiszucker nachgesüßt werden. Der Lärchengeist sollte einige Wochen im Keller nachreifen!

Die Zäpfchen der Lärche eignen sich auch für Mischansatz mit den Trieben oder ebenfalls jungen Blütenzäpfchen von anderen Nadelbäumen (Fichte, Tanne, Föhre, Latsche).

LIEBSTÖCKEL
(Luststock oder Maggikraut – *Levisticum officinale*)

Das Liebstöckl findet sich in fast jedem Hausgarten, da es als Gewürz in keiner Sommerküche fehlen sollte. Es entwickelt im Lauf der Jahre einen großen Wurzelstock, aus dem alljährlich die zahlreichen Triebe emporwachsen, und wird bis mannshoch. Wenn der Stock blüht, werden seine Blätter unansehnlich. Es empfiehlt sich, einen Teil ganz zurückzuschneiden, so dass ein Neuaustrieb erzwungen wird und immer junge, zarte Blätter vorhanden sind.

Eignet sich zum Würzen von Suppen, Fleischspeisen und Salaten.

LIEBSTÖCKELGEIST

Das Ansetzen erfolgt wie beim Estragonlikör. In eine Ein-Liter-Flasche Korn kommt ein ganz frischer, junger Liebstöckeltrieb samt den Blättern.

Die verschlossene Flasche wird 2 Tage lang an einen warmen Ort im Haus gestellt und danach der Liebstöckelzweig wieder aus der Flasche gezogen. Der Ansatz muss eine schöne grüne Färbung aufweisen.

Nach dem Verkosten je nach Geschmack mit Kandiszucker süßen!

Der Likör sollte mindestens 3 Monate im Keller nachreifen!

LINDE
Winterlinde (Tilia cordata), Sommerlinde (Tilia platyphyllos)

Die Linde ist in ganz Europa verbreitet und wächst von der Ebene bis in eine Seehöhe von 1.500 m. Ihren Namen hat sie vom Nordgermanischen „linda", was „biegsam" bedeutet, da der Lindenbast zu Bindearbeiten verwendet wurde.

Bekannt ist die Linde als in so manchen Liedern besungener mächtiger „Dorfbaum".

Sie hat ein sehr weiches Holz, das sich vorzüglich zu Schnitzarbeiten eignet. Dennoch ist sie ein Baum, der sehr alt werden kann (800–1000 Jahre sind belegt).

Die Linde ist aber auch bekannt durch ihre Blütezeit im Juni bis Juli, in der sie einen angenehmen Duft verbreitet. Wer hat nicht schon einmal nachgesehen, was da so summt und brummt, und ist dann darauf gekommen, dass dies durch die Bienen verursacht wird, die einen blühenden Lindenbaum „beernteten".

Aber nicht nur Bienen erfreuen sich an den Blüten, auch der Mensch sammelt sie gerne, um daraus den bekannten und gesunden Lindenblütentee zuzubereiten.

LINDENBLÜTENGEIST

Dafür werden ca. 2 Handvoll frisch erblühte Lindenblüten pro 1 l Ansatz benötigt. Letzterer wird für ca. 6 Wochen warm aufgestellt, nach dieser Zeit gefiltert und verkostet. Beim Lindenblütengeist empfiehlt sich ein leichtes Zuckern, das entweder in Form von Kandiszuckerbeigabe oder von in Weißwein aufgelöstem Kandiszucker durchgeführt werden kann. Der Ansatz sollte einige Wochen im Keller nachreifen.

LÖWENZAHN
(Taraxacum officinale)

Die im Volksmund „Löwenzahn" genannte Kuhblume aus der Familie der Korbblütler blüht sehr zeitig im Frühjahr und lässt manche Wiese goldgelb erscheinen.

Die zarten Blätter des noch ganz jungen Löwenzahns werden im Frühjahr auch für Salate (Röhrlsalat) oder für Suppen verwendet. Sie schmecken angenehm leicht bitter, wofür die weiße Milch, die an den Schnittstellen austritt, verantwortlich ist.

Die echten Löwenzahnarten *(Leontodon)* eignen sich nicht für die Likör- und Weinbereitung.

LÖWENZAHNLIKÖR
Wie beim Holunderlikör aus Blüten, werden hier ebenfalls ca. 100–150 g voll aufgeblühte Löwenzahnblüten mit den Scheiben (samt Schale) von zwei unbehandelten Zitronen, dem Saft von zwei ausgepressten Zitronen und ca. 300 g Zucker in ¼ l Wasser aufgelöst und eine Woche lang in einem Glasgefäß angesetzt. Nach dieser Zeit wird durch ein Tuch abgeseiht, der Ansatz mit 1 ½ l Korn vermischt und in Flaschen abgefüllt.

LÖWENZAHNWEIN
Für die Bereitung von Löwenzahnwein werden 4 l Löwenzahnblüten (Kuhblume) (Abb. 1) ohne Stängel benötigt. Sie sollten etwas zusammengedrückt sein und nicht nur in loser Schüttung 4 l ergeben. Sie werden mit 6 l Wasser, 2 ½ kg Kristallzucker, ½ kg Weinbeeren (Rosinen), 3 in Scheiben geschnittenen, unbehandelten Zitronen sowie 2 Orangen und 30 g Germ (Backhefe) (Abb. 2 & 3) in ein großes Gefäß (Topf oder Plastikschaff) gegeben. Dieser Ansatz muss 5–7 Tage im Keller kalt stehen, aber täglich mindestens einmal gut durchgerührt werden (Abb. 4 & 5). Nach Ablauf dieser Zeit wird durch eine Stoffwindel, ein Tuch oder durch ein feines Plastiksieb abgeseiht (Abb. 6). Die Flüssigkeit muss auch leicht aus den Blütenköpfen herausgepresst werden. Sie kommt nun zur Gänze in einen Gärbehälter (Fass oder Ballon), der mit einem Gärspund gegen unerwünschten Luftzutritt verschlossen wird (Abb. 7).
Die Gärung sollte bei eher wärmerer Temperatur (ca. 18–20 °C) ablaufen. Im Anschluss daran setzt sich der Trub ab, und der darüber stehende, fast klare Löwenzahnwein wird in Flaschen abgezogen (Abb. 8). Diese werden, gut verschlossen, im Keller liegend aufbewahrt. Die Haltbarkeit des Weines ist eine sehr gute, und die Lagerdauer kann auch einige Jahre betragen, was dem Geschmack keinen Abbruch tut.
Löwenzahnwein ist ein ganz vorzüglicher, trockener Aperitif.

Rezeptteil

Marille
(Aprikose – *Prunus armeniaca* L.)

Die Marille zählt – wie der Pfirsich – zu den ältesten Obstsorten und kommt in ihrer Urform aus dem Norden Chinas.

Sie stellt an den Standort (warm und trocken) einige Anforderungen, bringt unregelmäßige Erträge und hat, für einen Baum, nur eine geringe Lebensdauer.

Größere Anbauflächen finden sich nur in Weinbaugebieten. Im rauen Klima wird sie oft als Hauswandspalier gezogen.

Heute werden Marillen durch Importe über längere Zeiträume hinweg auf dem Markt angeboten. Ihren herrlichen Geschmack und Duft entwickeln sie aber nur bei Vollreife.

Marillen-(Aprikosen-)Likör

5–6 vollreife Marillen werden mit 1 l Korn 5–6 Wochen lang angesetzt. (Es schmeckt besonders gut, wenn auch 1–2 aufgeschlagene Marillenkerne mit angesetzt werden.) Das Aroma dieses Likörs hängt ganz besonders vom Reifegrad der Früchte ab. Nur echt ausgereifte, eventuell schon etwas weiche und ganz dunkelorange Früchte verwenden, denn unreife Marillen sind fast geschmacklos.

Nach dem Filtrieren und Abfüllen sollte der Likör einige Wochen im Keller lagern!

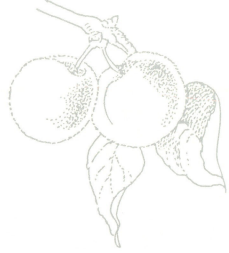

Nuss- oder Walnussbaum
(Juglans regia)

In vergangenen Zeiten gab es praktisch bei jedem Haus einen Nussbaum. Heutzutage hat er in den Siedlungsgärten seiner Größe wegen meist keinen Platz mehr.

Rund um den Nussbaum gibt es viele Geschichten und Sagen. Eines aber ist sicher: In seinem Schatten können Sie im Sommer, von lästigen Insekten ungestört, sitzen, denn der für die menschliche Nase angenehme Nussgeruch behagt diesen Quälgeistern offensichtlich nicht.

Der Nussbaum gedeiht in günstigen Lagen bis in eine Seehöhe von 1.300 m. In Baumschulen sind viele Edelsorten erhältlich, die ganz große, dünnschalige Nüsse tragen.

Interessanter ist es aber, sich den eigenen Nussbaum aus einer in den Boden gelegten Nuss zu ziehen. Zwar trägt er nach 10–15 Jahren nur kleine, dickschalige Nüsse, aber es ist eben der „eigene" Baum.

Nussgeist aus grünen Nüssen

Er dient sehr gerne als „Medizin", wenn der Magen nach einem zu kräftigen Essen ein wenig drückt.

Rezepte 1 und 2

Für den Ansatz werden 8–10 noch völlig unreife Walnüsse je Liter genommen. Die grünen Nüsse werden um die Zeit der Sommersonnenwende bis spätestens Mitte Juli gepflückt; sie dürfen noch keine harte Schale ausgebildet haben.

Es ist gleichgültig, ob Sie die kleinen, unveredelten Wildnüsse oder die großen, dünnschaligen „Papiernüsse" verwenden.

Rezept 1

Die grünen Nüsse werden geviertelt – oder noch weiter zerkleinert – in eine Flasche mit weitem Hals gegeben und mit Ansatzschnaps übergossen. Es empfiehlt sich, immer die gleiche Flasche zu verwenden, da sich ein dunkler Rand bildet, der nur sehr schwer – oder gar nicht mehr – entfernt werden kann. Als Ansatzschnaps eignet sich am besten 38–42%iger Korn. Die Flasche wird für 5–7 Wochen an einen warmen Ort im Haus gestellt.

Nach dieser Zeit wird filtriert, was etwas mühsam ist, da sich viel Trub im Ansatz befindet. Den klareren Teil eventuell mittels Schlauches abziehen, damit das Filtrieren einfacher wird!

Der gefilterte Ansatz wird nun in Flaschen abgefüllt und sollte im Keller einige Wochen nachreifen. Dieser Nussgeist ist herb und besticht durch sein reines Aroma. Er entspricht aber nicht jedermanns Geschmacksrichtung!

Rezept 2
Wer es lieblicher und geschmacksintensiver liebt, der gibt gleich zum Ansatz mit den Nüssen etwas Kümmel, Sternanis, Gewürznelken und Ingwer hinzu. Das Ganze bleibt ebenfalls 5–7 Wochen an einem warmen Ort stehen. Nach dem Filtrieren kommen aber noch 100 g Kandiszucker je Liter Ansatz dazu. Der Zucker wird in ganz wenig Wasser aufgekocht, bis er sich völlig aufgelöst hat, und noch warm in den Ansatz geschüttet. Nach sorgfältigem Vermischen wird in Flaschen abgezogen und der Nussgeist im Keller gelagert.

Rezept 3
In diesem Fall werden 20 grüne Nüsse zerkleinert und mit 1½ l Korn (38 bis 42%ig) in einem verschlossenen Ansatzglas für 2 Wochen an die Sonne gestellt.

Nach diesen 2 Wochen wird der Ansatz abgeseiht und ins Glas zurückgegeben. Dazu kommen nun 15–20 Gewürznelken, 2–3 Zimtstangerln, die Schale einer unbehandelten Zitrone und 2 cm Vanilleschote. Das Glas wird wieder verschlossen und nochmals für 1–2 Wochen an die Sonne gestellt.

Nach dieser Zeit werden 250 g Kandiszucker mit möglichst wenig Wasser aufgekocht und noch warm in den gefilterten Nussgeist gegeben. In Flaschen füllen und im Keller lagern!

Nussgeist aus reifen Früchten (Nusskernen)
Nach meinen Erfahrungen lässt sich auch aus reifen Walnüssen ein ganz vorzüglicher Nussgeist bereiten.

Dazu werden ca. 1 kg noch relativ frisch gereifte Nüsse geknackt und die ausgelösten, halbierten bis geviertelten Nusskerne in 2 l Kornbrand (38–42%ig) für 6–8 Wochen angesetzt. Das gut verschlossene Gefäß sollte möglichst warm gestellt und mindestens einmal wöchentlich geschüttelt werden. Der Ansatz bekommt eine schöne braune Farbe und muss intensiv nach Nuss duften. Nach dem Filtrieren und Abfüllen in Flaschen sollte er noch einige Wochen im Keller reifen. Der Geschmack ist leicht bitter, herb und ölig. Wem der Ansatz zu herb ist, der kann noch etwas Kandiszucker beigeben.

Will man diesen Nussgeist ganz fein und weniger bitter machen, so müssen die frischen, soeben vom Baum gefallenen Nüsse geknackt und die Kerne von den Häuten, die sich nur zu diesem Zeitpunkt gut ablösen lassen, befreit werden. Da dies sehr umständlich und zeitaufwändig ist, wird man es aber höchstens bei einem „besonderen" Fläschchen für den Eigenbedarf bewenden lassen. Der Ansatz muss ein ganz feines Nussaroma besitzen und eine schöne, durchsichtige Braunfärbung aufweisen.

Echte Nelkenwurz
(Geum urbanum)

Die Nelkenwurz ist eine eher unscheinbare Pflanze, die wahrscheinlich nur wenigen bekannt ist, obwohl man mit ihr schon des öfteren in Berührung gekommen ist. Ihre Samen besitzen nämlich einen Haken, und wenn man daran anstreift, so verhängen sie sich im Stoff der Hose oder in den Stutzen und sind teilweise nur schwer wieder zu entfernen. Die Pflanze mit ihren zierlichen kleinen gelben Blüten gehört zu den Rosengewächsen und man findet sie am häufigsten in krautreichen Gebüschen, Waldsäumen oder Laubmischwäldern. Ihre Wurzel, die man für Bitterliköre verwendet, ist klein und besitzt sehr viele Seitenwurzeln.

Nelkenwurzgeist

Dazu benötigt man einige Wurzeln der Echten Nelkenwurz, die gut gereinigt, und von den zahlreichen Seitenwurzeln befreit, in kleine Stücke geschnitten wird. Die Wurzeln sind sehr zäh und lassen sich schwer schneiden. Für 1 l Ansatz in 40%igem Korn oder Obstbrand benötigt man zwischen 5 und 8 Wurzeln. Der Ansatz sollte lange, ca. 3 – 4 Monate, an einem warmen Ort stehen bleiben.

Er bekommt in dieser Zeit eine schöne rotbraune Färbung und schmeckt angenehm bitter mit einem ganz eigenen Beigeschmack, der auch einem Mischansatz eine Eigengeschmacknote verleiht.

Nach dem Filtrieren wird der Ansatz verkostet und je nach Bedarf mit einer Zuckerlösung, die aus ganz wenig Wasser und braunem Kandiszucker bereitet wurde, gesüßt.

Wie schon erwähnt, eignet sich der Ansatz auch bestens für Kräuterbitter.

Pappel
(Populus)

Die Pappelarten sind – mit Ausnahme der Zitterpappel – Bäume der Flussauen und Niederungen mit hohem Grundwasserstand. Sie sind bekannt wegen ihrer überaus großen Schnellwüchsigkeit und ihres sehr leichten, weichen Holzes. Am meisten fallen sie auf, wenn sie ihre Samen mitsamt ihrer „Samenwolle" verbreiten.

Bei uns heimisch sind die Schwarzpappel *(Populus nigra)*, die Silberpappel *(Populus alba)* und die Zitterpappel oder Espe *(Populus tremula)*. Letztere gedeiht als einzige Art bis ins Gebirge (1.800 m) hinauf. Pilzesammlern ist sie wohlbekannt, denn in ihrem Wurzelbereich finden sich nicht selten die wohlschmeckenden Rotkappen.

Pappelgeist

Dafür werden die Knospen der jeweiligen Pappelarten verwendet. Der richtige Zeitpunkt zum Sammeln ist dann gekommen, wenn die Blätter schon etwas herausspitzen. Die Knospen sind wegen ihres starken Harzgehaltes stark klebrig.

Auf 1 l Korn (38 bis 42%ig) wird ca. 1 Handvoll Pappelknospen genommen. Das Ansatzgefäß wird für 3–4 Wochen an einen warmen Ort gestellt. Danach wird der nun bitterherb und braun gewordene Ansatz filtriert und, je nach Geschmack, mit Kandizucker gesüßt. Anschließend sollte der Pappelgeist 5–7 Monate lang im Keller nachreifen!

Pfefferminze
(Mentha piperita L.)

> Sie wächst auf nährstoffreichen, lockeren Standorten meist mit anderen Kräutern zusammen, hat gegenständige, deutlich gestielte Blätter und, von Juni bis August, weiße bis rötliche Blüten. Am einfachsten ist sie an ihrem Geschmack und Duft zu erkennen. Hierzu zerreiben Sie ein Blatt zwischen den Fingern, und dann ist der typische Geruch unverwechselbar.

Pfefferminzlikör
Für die Likörbereitung wird die Echte Minze genommen. So sie nicht im Garten ihren festen Standort hat **(Vorsicht:** Sie breitet sich durch Wurzelausläufer unangenehm rasch und hartnäckig aus), gibt es sie auch in freier Natur. Aber **Achtung!** Es sollte unbedingt die Echte Minze sein und nicht die weitverbreitete und viel größere Rossminze *(Mentha longifolia* L.).

Rezept 1
In eine Ein-Liter-Flasche Korn (38 bis 42%ig) werden 3–4 große Minzezweige (ca. 15–20 cm lang) mit der Spitze voran gesteckt. D.h., das dicke Ende des Stängels bleibt noch im Flaschenhals und lässt sich nach der Ansatzzeit wieder leicht herausziehen. Nach dem Verschließen der Flasche wird sie für 3 Wochen an einen warmen, aber nicht sonnigen Platz gestellt. Nach Ablauf dieser Zeit werden die Pfefferminzzweige aus der Flasche gezogen, und der Ansatz wird nach dem Verkosten auf die gewünschte Süße eingestellt. Am besten eignet sich dazu Kandiszucker. Dann wird die Flasche wieder verschlossen und noch für 1–2 Monate im Keller gelagert.

Rezept 2
Für 2 l Korn (38 bis 42%ig) als Ansatzschnaps werden ca. 7–10 große Pfefferminzzweige, einige Blätter der Zitronenmelisse, ein Esslöffel Korianderkörner und, wenn Sie wollen, 3–5 Gewürznelken angesetzt.
Je nach Geschmacksneigung können bereits zum Ansatz bis zu 500 g Kandiszucker zugegeben werden. Es besteht aber auch die Möglichkeit, nach dem Ansetzen den Süßigkeitsgrad des Likörs mit Zuckersirup (Zucker, in wenig Wasser aufgekocht) einzustellen.
Das gut verschlossene, gläserne Ansatzgefäß wird für 7–9 Wochen an einen hellen, aber nicht sonnigen, warmen Platz gestellt und wöchentlich durchgeschüttelt.
Nach dem Filtrieren wird verkostet und der Zuckergehalt, wie oben beschrieben, eingestellt. Wegen seiner schönen grünen Farbe sollte der Likör dunkel aufbewahrt werden.

PFIRSICH
(Prunus persica L.)

Der Pfirsichbaum stammt aus China, wo sein Anbau schon vor rund 3000 Jahren betrieben wurde. Er kam über Persien in den Mittelmeerraum, wo er von den Römern weiterverbreitet wurde. Heute unterscheiden wir zwei Gruppen von Pfirsichen, und zwar die behaarten, echten Pfirsiche und die unbehaarten, glatten Nacktpfirsiche oder Nektarinen *(Prunus uncipersica)*.

Dass sich das Fruchtfleisch sehr oft schlecht vom Kern lösen lässt, ist kein Zeichen von Unreife, sondern sortenbedingt. Frühreifende Sorten haben diese Eigenschaft sehr stark, bei spätreifenden kommt sie selten vor. Schade ist, dass heute die kleinen, wohlschmeckenden Weingartenpfirsiche nur mehr sehr schwer zu bekommen sind.

PFIRSICHLIKÖR
Seine Zubereitung ist keine Hexerei. In 1 l Korn (38 bis 42%ig) werden entweder 2–3 große Kulturpfirsiche oder 4–5 Weingartenpfirsiche angesetzt (wobei den wohlschmeckenden kleinen Weingartenpfirsichen der Vorzug zu geben ist!). Die Früchte müssen vollreif sein und ihr volles Aroma entfaltet haben. Sie werden in Spalten geschnitten, mit dem Korn in ein Ansatzgefäß gegeben und für 5–7 Wochen an einen warmen Ort gestellt. Nach dem Filtrieren und Abfüllen sollte der Likör noch etwas im Keller nachreifen!

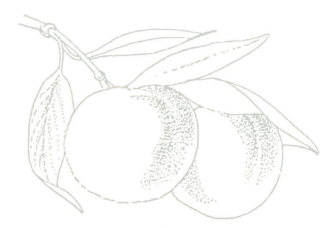

PREISELBEERE
(Vaccinium vitis idaea)

Sie wächst von den Mooren der Ebene bis über 2.200 m hoch ins Gebirge und ist eine typische Zeigerpflanze für saure Standorte. Ihre dunkelscharlachroten Beeren schmecken herbsüß und werden erst nach dem ersten Frost süßer. Bekannt ist die daraus bereitete herrliche Preiselbeermarmelade, die ganz vorzüglich zu Wildgerichten, aber auch zu Kaiserschmarrn schmeckt. Das Pflücken der Früchte ist relativ mühsam, sie werden aber auch zu günstigen Preisen auf dem Markt angeboten. Aber nicht nur uns Menschen schmecken die Beeren gut – auch für die bei uns schon sehr selten gewordenen Raufußhühner, wie Auerhahn, Birkhahn, Hasel- und Schneehuhn, stellen sie eine willkommene Bereicherung des Speisezettels dar und helfen ihnen, den Winter zu überstehen.

PREISELBEERLIKÖR

Zum Ansetzen werden gut ausgereifte Früchte benötigt, die bereits ihren vollen Geschmack entwickelt haben. Man gibt sie in ein Ansetzgefäß oder in eine Flasche und übergießt mit Korn (40%ig). Auf 1 l Beeren nimmt man 1½ bis 2 l Korn.

Der Ansatz wird für ca. 6–8 Wochen an einem warmen Ort aufgestellt und öfter durchgeschüttelt. Nach Ablauf der Ansetzzeit wird filtriert, in Flaschen abgezogen und im Keller für die Nachreife eingelagert. Für manche wird ein Nachsüßen mit braunem, eventuell in ganz wenig Rotwein aufgelöstem Kandiszucker notwenig sein. Man kann die Beeren aber auch im Ansatz belassen, denn sie schmecken sehr gut und bleiben schön knackig.

QUITTE
(Cydonia oblonga)

Ihr botanischer Name – Cydonia – soll von der Stadt Kydon auf Kreta abstammen. Als Obstbaum hat sie im mitteleuropäischen Raum weniger Bedeutung, wird aber in Vorderasien stark genutzt. Dabei werden zwei Fruchtformen unterschieden, und zwar die apfel- und die birnenförmige Quitte. Die Quitte ist frost- und kalkempfindlich; sie bevorzugt das sogenannte „Weinklima". Ihre Reifezeit liegt Ende Oktober – Anfang November. Verwendung findet die Quitte auch als Zierstrauch, da sie sehr schön blüht. Aus der Quittenfrucht werden der bekannte Quittenkäse (= getrocknetes Quittenmus), Schnaps und Dörrfrüchte gemacht.

Ein Tipp noch: Eine Quittenfrucht, ins Zimmer gelegt, sorgt für die nächsten 2–3 Wochen für angenehmen Duft.

QUITTENGEIST

Dazu werden die Quittenfrüchte in Stücke geschnitten und in einem Gefäß mit Kornbrand (38 bis 42%ig) angesetzt. Die Früchte müssen vollkommen ausgereift sein, sonst schmeckt der Ansatz sauer und sehr „unrund".

Das Ansatzverhältnis sollte ca. 1 kg Früchte zu 1½ bis 2 l Korn betragen. Der Ansatz wird 6–8 Wochen lang an einem warmen Ort aufgestellt und öfter durchgeschüttelt. Nach der Ansetzzeit wird filtriert, verkostet und in Flaschen abgezogen. Den Quittengeist einige Wochen im Keller nachreifen lassen!

RHABARBER
(Rheum sp.)

Der Rhabarber zählt zur Familie der Knöterichgewächse, die aus den Hochgebirgen Osttibets und Westchinas stammt. Man unterscheidet ca. 25 Arten, meist stattliche Stauden mit vielköpfigem, verdicktem Wurzelstock und großen, langgestielten Blättern.

Wegen seiner Beliebtheit und einfachen Kultivierung findet sich der Rhabarberstock in fast jedem Hausgarten. Seine Vermehrung erfolgt üblicherweise durch Stockteilung.

Die Blattstiele werden vorwiegend zur Bereitung von Kompott und Marmelade oder als Mehlspeisenbelag verwendet.

Die Blätter selbst sind stark oxalsäurehaltig und sollten daher nicht gegessen werden.

RHABARBERLIKÖR
Für die Likörherstellung werden ca. 500 g geschälte Rhabarberstiele in Stücke geschnitten und gemeinsam mit 5 Gewürznelken, ½ Zimtstange, etwas Sternanis sowie mit einer zerkleinerten unbehandelten Zitrone (samt Schale) in ein Ansatzgefäß gegeben. Das Ganze wird mit 1 l Obstschnaps oder Kornbrand (38 bis 42%ig) aufgegossen und 6 Wochen lang an einen warmen Ort gestellt. Nach dem Filtrieren und Verkosten je nach Bedarf mit Kandiszucker süßen und in Flaschen abziehen. Der Likör ist sofort genussreif.

Rhabarberlikör aus dem Wurzelstock
1 Handvoll Rhabarberwurzeln
ca. 10 Gewürznelken
1 Zimtrinde (nicht allzu groß)
7–10 Sternanis
Schale einer ungespritzten Zitrone
Brauner Kandiszucker

Die frische Rhabarberwurzel wird sorgfältig gereinigt und geschält, so dass keine Erde mehr anhaften kann (sonst erdiger Geschmack im Getränk!). Dann die Wurzel in kleine Stücke schneiden und mit den anderen Zutaten in einem gut verschließbaren Ansatzgefäß für ca. 6 Wochen warm aufstellen. Öfter durchschütteln. Nach Ablauf dieser Zeit filtrieren und das Filtrat mit braunem Kandiszucker nach Bedarf süßen. Der Ansatz sollte noch einige Wochen im Keller nachreifen können.

ROBINIE oder FALSCHE AKAZIE
(Robinia pseudoacacia)

Ihren Namen hat die Robinie nach dem französischen Hofgärtner J. Robin, der diesen aus Nordamerika stammenden Baum 1601 in Europa anpflanzte. Sie gedeiht in den niederen früh- und spätfrostfreien Lagen des milden Klimagebietes. Die langen, unpaarig gefiederten Blätter besitzen am Blattgrund zwei stechende Dornen. Die Blühzeit ist Mai bis Juni. Die Blüten sind wohlriechende, weiße bis leicht bläuliche Schmetterlingsblüten in locker hängenden Trauben.

Nicht nur die Samen, auch die Blätter und die Rinde der Robinie sind giftig (die beiden letzteren besonders für Pferde).

Das sehr harte und dauerhafte Holz wird oft für Reb- und Zaunpfähle verwendet. Bekannt ist die Robinie auch bei den Imkern, die von ihr den Akazienhonig ernten.

ROBINIENGEIST

Dafür werden die Blüten in Korn angesetzt. Dazu benötigt man die noch relativ frisch aufgeblühten, stark nach Honig duftenden Blütentrauben (für 1 l Korn, 38 bis 42 %ig, ca. 3–4 Handvoll). Der Ansatz wird an einem warmen Ort aufgestellt und ca. 3 Wochen lang stehen gelassen. Dann filtrieren und in Flaschen abfüllen. Eine Zuckerzugabe sollte nicht notwendig sein. Im Keller ein wenig nachreifen lassen. Vorsichtshalber sollte vom Robiniengeist nicht zuviel auf einmal getrunken werden.

ROTKLEE
(Trifolium pratense)

Eine allgemein bekannte Pflanze, die aber meist nur oberflächlich wahrgenommen wird. Rotklee gehört, wie alle anderen Kleesorten, zu den Leguminosen (Hülsenfrüchten). Diese weisen die Besonderheit auf, dass sie mit sogenannten „Knöllchenbakterien" in Symbiose leben, was bedeutet, dass die Bakterien der Pflanze Nährstoffe entziehen, die sie für ihr Gedeihen brauchen. Umgekehrt beliefern sie die Pflanzen aber auch mit Stickstoff, denn sie können den Luftstickstoff binden und in eine Form umwandeln, die die Pflanze aufzunehmen imstande ist. Somit handelt es sich um eine Art „Gegengeschäft".

ROTKLEELIKÖR
Ein etwas außergewöhnlicher Likör mit ganz eigenem Geschmack. Für seine Bereitung werden die gut aufgeblühten Blütenköpfchen des Rotklees verwendet (1 l Korn, 38 bis 42%ig, ca. 2 Handvoll Kleeköpfchen). Das gut verschlossene Ansatzgefäß wird 5 Wochen lang warm gestellt. Nach dem Filtrieren verkosten und eventuell nachsüßen. Der Likör sollte einige Zeit im Keller nachreifen.

SANDDORN
(Hippophaë rhamnoides)

Der Sanddorn ist erst in den letzten Jahrzehnten bekannter geworden, da er oft als Böschungspflanze im Straßenbau, aber auch in Gärten gepflanzt wird. Ursprünglich ist er ein Gewächs der Küstenregionen. Sein natürliches Verbreitungsgebiet erstreckt sich von der Nord- und Ostsee über das Mittelmeer bis hin zum Schwarzen Meer.

Im Herbst ist der Sanddorn an seinen wunderschönen hellorangen Beeren zu erkennen. Sonst wird er Ihnen durch seine hellgraue Farbe auffallen, die durch die silbrige Unterseite seiner lanzettförmigen Blätter hervorgerufen wird.

Der Strauch lebt, wie der Klee oder die Erle, in Symbiose mit Knöllchenbakterien. Dies ermöglicht ihm das Überleben in den kargen Sanddünen, da er sich mit dem für ihn wichtigen Stickstoff selbst versorgt.

Die Früchte, die im September und Oktober reifen, enthalten viel Vitamin C und werden zur Saftbereitung gesammelt.

SANDDORNLIKÖR

Die Früchte werden nach dem ersten Frost gepflückt und in 38–42%igem Korn angesetzt. Auf 1 l Früchte kommen ca. 1 ½ l Korn.

Das gut verschlossene Glasgefäß wird für 4–5 Wochen an die Sonne gestellt und öfter durchgeschüttelt. Nach dem Absetzen der Früchte wird filtriert und eventuell mit in trockenem Weißwein aufgelöstem Kandiszucker nachgesüßt.

Der Likör sollte zur Reife einige Monate im Keller lagern.

SCHAFGARBE
(Achillea millefolium)

Von der Schafgarbe gibt es ca. 100 verschiedene Arten, die von der trockenen Tiefebene bis in den hochalpinen Bereich gedeihen. Manche Arten wachsen nicht nur auf kalkhältigen Böden, sondern auch auf sauren Standorten (z. B. die Sumpfschafgarbe). Auch ihr Duft ist ein sehr unterschiedlicher. Die am weitesten verbreitete und allgemein bekannte Art ist die Gemeine Schafgarbe, deren Größe sehr standortabhängig ist. Sie wurde schon von alters her in der Volksmedizin verwendet, ziert aber auch jeden Wiesenblumenstrauch, da ihre Blütenfarbe vom reinen Weiß über Schmutzigweiß bis zum feinen Altrosa reicht.

Von den niedrigen, würzigen Schafgarbenarten der Alpen dient hauptsächlich die Moschusschafgarbe *(Achillea moschata)*, in der Schweiz auch „Genepi" genannt, zur Herstellung des Engadiner Ivaliköris. Diese Schafgarbenart ist ebenfalls kalkmeidend und kommt daher fast ausschließlich in den Zentralalpen vor.

Von der Schafgarbe gibt es auch für den Garten gezüchtete Formen mit goldgelben bis dunkelroten Blüten, die sich in getrocknetem Zustand vortrefflich für Blumengestecke eignen.

SCHAFGARBENGEIST
Für die Zubereitung von Schafgarbengeist werden ca. 10–15 saubere Blütendolden der Gemeinen Schafgarbe in 1 l Korn (38 bis 42%ig) angesetzt und für 4–6 Wochen an einen warmen, hellen Platz gestellt. Danach wird filtriert und verkostet. Wer unbedingt Zucker dazugeben will, kann dies jetzt in Form von Kandiszucker – fest oder in Wasser aufgelöst – durchführen. Die Flaschen sollten noch einige Zeit im Keller nachreifen.

SCHAFGARBENSEKT
In 5 l Wasser werden 300 g Zucker, 1–2 unbehandelte, in Scheiben geschnittene Zitronen, $1/8$ l Weinessig und 10–15 Dolden Schafgarbenblüten für einen Tag angesetzt. Am besten eignet sich eine Plastikwanne dazu. Das Ganze sollte mehrmals gut durchgerührt werden.

Nach einem Tag wird durch eine Windel oder ein Leinentuch abgegossen und anschließend in Flaschen abgefüllt. Auch hier eignen sich am

Rezeptteil

besten alte Sektflaschen, die mit einem dafür geeigneten Stöpsel verschlossen werden. Dieser sollte zusätzlich mit einem darübergebundenen Bindfaden (siehe Apothekerknoten, Seite 35) gesichert werden.

Die Flaschen kommen zum Reifen in den Keller, und nach 5–7 Wochen ist der Sekt trinkfertig.

Leider gelingt die Schafgarbensektbereitung nicht immer, und es ist sehr schwierig, eine gleichbleibende Qualität zu erzielen. Durch Beigabe von Reinzuchthefe kann man dieses Problem aber ausschalten.

SCHLEHDORN
(Schwarzdorn – *Prunus spinosa*)

Der Schlehdornbusch ist – außer in Höhen über 1.000 m – in ganz Europa zu finden. Er steht an Waldrändern, in Feldhecken und in den Gebüschwäldern des Trockengebietes. Er liebt sonnige, südseitige, warme, kalkhältige Standorte.

Die Sträucher werden Sie am leichtesten im Frühjahr finden, denn der Schlehdorn ist, gemeinsam mit der Kirsche, einer der ersten Blüher, der mit seinen kleinen, reinweißen, aber sehr zahlreichen Blüten strahlend aus der Landschaft hervorsticht. Er bildet seine Blätter erst nach der Blüte; ihre Form erinnert stark an die eines Apfelbaumblattes – nur in Miniaturausgabe.

Die Früchte sind den Sommer über unscheinbare, kleine, grüne, gestielte Kügelchen. Erst im Herbst bekommen sie ihre schöne dunkelblaue Farbe, die aber hell wirkt, da sie – ähnlich einer reifen Pflaume – mit einem weißen Reif überzogen sind. Sie erreichen eine Größe von 1–1½ cm Durchmesser. Für die Likörbereitung sollten sie erst nach dem ersten Frost oder noch später gepflückt werden.

Es kann nicht schaden, wenn Sie einige Sträucher kennen, denn sie tragen von Jahr zu Jahr unterschiedlich, auch wenn sie jedes Mal in voller Blüte stehen. In starken Schlehenjahren wird es hiermit vorteilhaft sein, gleich den Ansatz für zwei oder mehrere Jahre zuzubereiten.

Das Ernten der Beeren mit ihrem gelbgrünen Fleisch und dem großen Kern wird durch die Dornen des Strauches, deren Spitzen leicht abbrechen und in der Haut steckenbleiben, nicht gerade vereinfacht.

Vom Geschmack der Früchte sollten Sie sich nicht abschrecken lassen; sie sind sehr herb und sauer, solange sie nicht verarbeitet werden.

SCHLEHENLIKÖR

Er zählt zu jenen, die mir persönlich am besten schmecken. Er besticht durch seinen vollen, herben, trockenen Geschmack und durch seine edle, tiefdunkelrote Farbe.

Schlehenlikör

Für die Bereitung werden die vollreifen Früchte – frühestens nach dem ersten Frost – gepflückt. Sind die Schlehen nicht ganz ausgereift, wird der Likör nicht „rund", sondern nur sauer. Dass die Früchte reif sind, kann an ihrer Fleischfarbe leicht erkannt werden: sie muss ins Gelbliche gehen und darf nicht grün sein.

Die Früchte werden von ihren Stielen gesäubert und kalt gewaschen. Gut abgetropft, kommen sie dann in ein dicht verschließbares Ansatzgefäß und werden mit 38–42%igem Korn übergossen. Für 1 l Schlehen nehmen Sie 1½–2 l Korn (38 bis 42%ig). Das gut verschlossene Ansatzgefäß wird für 5–6 Wochen an einen hellen, warmen Platz im Haus gestellt und wird mindestens einmal in der Woche gut durchgeschüttelt.

Nach 6 Wochen (oder auch später) wird abgezogen und filtriert. Jetzt sollte der Ansatz verkostet und danach, je nach Geschmack des Likörfreundes, mit Kandiszucker gesüßt werden.

Am besten gelingt dies, indem für 2 l Ansatz ca. ¼ l Rotwein erwärmt und die gewünschte Zuckermenge darin aufgelöst wird. Nach dem Erkalten des Weines wird er zum Ansatz geschüttet, mit diesem gut vermischt, in Flaschen gefüllt und im Keller für die Nachreifung gelagert. Der Zusatz von gezuckertem Rotwein ergibt einen vollen, runden, samtigen Geschmack.

Mein Lieblingsansatz, aber auch von Freunden sehr geschätzt!

Schlüsselblume
(Primula elatior)

Die Schlüsselblume, im Sprachgebrauch oft auch als „Himmelschlüssel" bezeichnet, ist jedermann als eine unserer am häufigsten vorkommenden Frühlingsboten bekannt. Daneben gibt es aber noch einige Primelarten, wie z. B. die dottergelbe Wiesenprimel oder das auf Felsen wachsende goldgelbe Petergstamm *(Primula auricula)* sowie das auf feuchten Felsen gedeihende blutrote Jägerblut *(Primula clusiana)*. Wenig bekannt ist auch, dass die Schlüsselblume genießbar ist und z. B. ihre Blätter und auch Blüten in keiner – aus mehreren wild wachsenden Pflanzen bereiteten – Frühlingssuppe fehlen sollten.

Schlüsselblumengeist

Zum Ansetzen in Korn werden nur die Blütenköpfchen verwendet (auf 1 l Ansatzkorn (38 bis 42%ig) ca. 3 Handvoll Blüten). Der Ansatz wird in einem geschlossenen Gefäß für ca. 5–6 Wochen an einem warmen Ort aufgestellt. Dann wird filtriert und verkostet. Der Himmelschlüsselgeist verlangt aber nach Zucker. Er hat einen sehr milden Geschmack.

SPITZWEGERICH
(Plantago lanceolata)

Er ist eine überall bekannte Pflanze, die fast auf jeder Wiese oder Weide gedeiht. Vielen von uns ist er auch als Spitzwegerichsirup bekannt, den man als Kind gegen Husten und Heiserkeit verabreicht bekam.

Seine rosettenförmig angelegten Blätter liegen im Frühjahr ganz am Boden an, und erst später wachsen die lanzettenartigen Blätter steil in die Höhe. Im Unterschied dazu ist sein Verwandter, der Breitwegerich, eine trittfeste Pflanze, die fast ausschließlich auf begangenen Wegen oder als lästiges Rasenunkraut vorkommt.

Es gibt auch noch den Mittleren Wegerich, der etwas schmälere Blätter als der Breitwegerich hat.

Die Samen der Wegericharten werden sehr gerne von Vögeln gefressen.

SPITZWEGERICHLIKÖR

Dieser Likör kann ganz einfach und schnell zubereitet werden. Dazu benötigen Sie nur ca. 10–15 frische, saubere Spitzwegerichblätter. Diese kommen in eine 1-Liter-Flasche Korn (38 bis 42%ig) (zuvor etwas Korn herausgießen, damit die Flüssigkeit nicht überläuft), die für rund 2–4 Tage an einen warmen, aber nicht sonnigen Platz gestellt wird. Der Ansatz muss sich grün verfärben. Wenn er eine schöne grüne Farbe erreicht hat, wird er abgegossen, verkostet und eventuell mit etwas braunem Kandiszucker (nur einige Kristalle) nachgesüßt.

Den Likör im Keller lagern!

STACHELBEERE
(Ribes grossularia)

Die wilde Stachelbeere wächst auf steinigem Boden, in Hecken und an Waldrändern von der Ebene bis in ca. 1.200 m Seehöhe. Ihre eher unscheinbaren Blüten zeigen sich schon sehr früh im April. Sie entwickelt relativ kleine Früchte.

Die vielen Kulturformen, die daraus gezüchtet wurden, gibt es mit grünen, roten oder gelben Früchten. Der Stachelbeerstrauch ist robust und benötigt, bis auf einen eventuell notwendigen Verjüngungsschnitt, relativ wenig Pflege. Probleme kann aber der Amerikanische Stachelbeermehltau bereiten, der junge Triebe und die Früchte befällt. Er überzieht letztere mit einem unansehnlichen grauen Filz und lässt sie aufplatzen. Will man diesem Problem ausweichen, so ist beim Kauf der Pflanzen auf mehltauresistente Sorten zu achten.

STACHELBEERGEIST

Die gut ausgereiften Früchte werden nach ihrer Ernte gewaschen, abtropfen gelassen und als ganze mit Kornbrand in einem gut verschließbaren Gefäß angesetzt. Dabei nimmt man für 1 kg Stachelbeeren 2½ l 40%igen Kornbrand. Der Ansatz wird ca. 6 Wochen lang an einen warmen Ort gestellt und öfter durchgeschüttelt. Danach wird filtriert und in Flaschen abgezogen. Der Ansatz braucht, wegen der süßen Früchte, keine Zuckerzugabe, sollte aber im Keller noch einige Wochen nachreifen können.

Taubnessel
(Lamium)

Die Taubnesseln gehören zur Familie der Lippenblütler. Es gibt davon einige Arten in verschiedenen Farben – weiß, rot, gelb. Ihre Blätter sehen jenen der Brennnessel ähnlich, sind aber weicher und haben den Vorteil, dass sie nicht „brennen". Vielen von Ihnen werden Taubnesseln noch aus der Kindheit in Erinnerung sein, da sich in ihren langen Blütenschläuchen etwas Nektar ansammelt, der gerne ausgesaugt wird.

Taubnessellikör

Für die Zubereitung dieses Likörs benötigen Sie etwas Ausdauer, denn es müssen dazu erst die Blüten der weißen oder roten Taubnessel gesammelt werden. Für 1 l Korn (38 bis 42%ig) werden ca. 3 Handvoll Blüten gebraucht. Dabei werden aber nur die weißen oder roten Blütenblätter genommen, die sich relativ einfach aus den grünen Kelchblättern ziehen lassen.

Der Ansatz wird 5–6 Wochen lang warm und hell aufgestellt. Danach wird er filtriert, in Flaschen abgefüllt und für einige Wochen im Keller gelagert.

Bei ganz frisch erblühten Taubnesseln hat der Likör einen leicht süßlichen Geschmack.

Tausendguldenkraut
(Centaurium sp.)

Beim Tausendguldenkraut, das zu den Enziangewächsen zählt, unterscheidet man zwei Arten: das im Landesinneren vorkommende zierliche Tausendguldenkraut *(Centaurium pulchellum)* und das mehr an Küsten wachsende Strand-Tausenguldenkraut *(Centaurium littorale)*.

Das Tausenguldenkraut ist eine zweijährige, zierliche Pflanze mit sehr schönen, zarten rosa Blüten. Ob seiner Bitterstoffe wurde es schon von alters her gesammelt und für Magentee verwendet.

Ich mache damit einen Ansatzschnaps, den ich für verschiedene Kräuterbitter verwende.

Tausendguldenkrautansatz

Für den Ansatz verwendet man die gesamte oberirdische Pflanze außer der Bodenblattrosette. Man gibt dabei einige Pflanzen (diese können von sehr unterschiedlicher Größe sein) in ein Ansatzgefäß. Je nach Größe der Pflanze 3–10 Pflanzen je Liter Ansatz. Man kann die Pflanzen natürlich auch vorher zerkleinern und stellt den Ansatz für mindestens 5 Wochen an einen warmen Ort. Dann wird filtriert. Je nach gewünschtem Geschmack wird dem Kräuterbitter die erforderliche Menge zugemischt.

WILDER THYMIAN
(Thymus praecox)

Der Thymian gehört zur Familie der Lippenblütler. Er wächst polsterartig an sonnigen, trockenen Hängen und Stellen, oft direkt an oder auf Steinen. Sie finden ihn bis hoch in die Berge. Seine schönen, altrosafarbigen Blütenpolster leuchten vom Juni bis in den September.

THYMIANGEIST

Für den Thymiangeist wird der wilde Thymian verwendet. Dabei wird ca. eine Handvoll frischer, voll erblühter Blütenköpfchen in 1 l Korn (38 bis 42%ig) angesetzt. Das Ansatzgefäß wird, gut verschlossen, für 3 Wochen an einen warmen, hellen Ort gestellt. Nach Ablauf der Ansatzzeit wird filtriert und verkostet. Jetzt können Sie noch mit Kandiszucker, in Wasser oder in Weißwein aufgelöst, nachsüßen.

Nach dem Abfüllen sollten die Flaschen noch einige Wochen im Keller lagern!

Der Thymiangeist kann auch als Komponente beim Ansatz von Bitterlikören verwendet werden.

VOGELBEERBAUM
(Eberesche – *Sorbus aucuparia*)

Sie kommt in fast ganz Europa vor und wächst vom Meeresniveau bis zur Baumgrenze, oft sogar noch darüber hinaus bis in den Latschengürtel. Sie gilt im Gebirge als Pionierbaumart. Unter günstigen Bedingungen kann sie zu einem Baum bis zu 17 m Höhe und 40 cm Stammdurchmesser werden.

Die Eberesche blüht von Mai bis Juni (je nach Höhenlage). Ihre Früchte werden etwa erbsengroß und verfärben sich bis zur Reife von Grün über Gelb bis zu Korallenrot. In guten Vogelbeerjahren leuchten die Bäume im Herbst rot, denn die eher schwache Belaubung wird dann durch das Rot der Früchte völlig verdeckt.

Die Beeren sind ab Anfang September reif und werden von diesem Zeitpunkt an sehr gerne von Vögeln aufgenommen (daher der Name „Vogelbeere"). Die Samen sind für die Vögel unverdaulich und werden daher durch den Vogelkot verbreitet.

Ein Vogelbeerbaum kann bei starkem Behang bis zu 50 kg Ertrag bringen. In vielen Gegenden werden die „Beeren" für die Schnapsgewinnung geerntet. Da sie aber sehr trocken sind und daher wenig Ausbeute an Alkohol ergeben, zählt der Vogelbeerschnaps wegen seines wunderbaren Geschmacks nicht nur zu den besten, sondern auch zu den teuersten Edelbränden.

VOGELBEERLIKÖR

Da nicht jedermann Schnapsbrennen darf und kann, die Vogelbeere ihren guten Geschmack jedoch auch in den zugekauften Korn abgibt, ist es empfehlenswert, sich dies zunutze zu machen.

Für die Bereitung des Vogelbeerlikörs werden die vollreifen Beeren gepflückt, kalt gewaschen und von den Fruchtstielen getrennt. Dann kommen sie in eine große Flasche oder in ein großes Einweckglas und werden mit 40%igem Korn übergossen. Zu viele Früchte sollten aber nicht verwendet werden, da der Likör sonst zum Teil gelieren könnte. Es sollten daher nicht mehr als 1 l Beeren auf 2 l Korn kommen. Das Ansatzgefäß wird für ca. 5–6 Wochen an einen warmen Ort gestellt. Öfters gut durchschütteln!

Nach dieser Zeit wird abgezogen und filtriert. Der Ansatz kann eventuell mit ein wenig Zucker, in Rot- oder Weißwein aufgelöst, gesüßt werden.

Der Likör sollte lange im Keller lagern, da er erst dann seinen vollen Geschmack entfaltet.

Eine zweite Variante des Vogelbeerlikörs habe ich durch Zufall entdeckt. Meine Frau und ich bereiten jedes Jahr aus Vogelbeeren Marmelade, die wegen ihres herben Geschmacks ganz vorzüglich zu Wildgerichten passt. Als ein Teil der Marmelade nicht gelieren wollte, da wir offensichtlich zuviel Wasser verwendet hatten, setzte ich ein Glas davon mit Korn an. Nach vierwöchigem Stehenlassen ergab auch dies einen ganz vorzüglichen Vogelbeerlikör.

VOGELBEERMARMELADE
1 kg Vogelbeeren, 200 g Zucker, ½ l Rotwein, ½ l Wasser.
Wasser, Rotwein und Zucker werden etwa 15 Minuten eingekocht, dann kommen die Vogelbeeren dazu. Alles bei kleiner Hitze solange weiterkochen, bis die Vogelbeeren weich sind. Dabei nicht zu oft und zu stark umrühren!

Dieses Rezept kann somit zur Marmelade- als auch zur Likörbereitung verwendet werden.

Vogelbeerlikör

VOGELKIRSCHE
(Prunus avium)

Der wilde Kirschbaum, auch Vogelkirsche genannt, wächst hauptsächlich in Wäldern, vereinzelt bis in eine Höhe von 1.500 m. Er wird Ihnen zweimal im Jahr auffallen: Das erste Mal im Frühjahr, wenn er in voller Blüte steht, das zweite Mal im Herbst wegen der schönen roten Farbe des Laubes. Die Vogelkirsche blüht zeitig im Frühjahr, zeitgleich mit ihren veredelten Verwandten. Sie bringt von Jahr zu Jahr unterschiedliche Erträge, was hauptsächlich von der Witterung vor und bei der Blüte abhängt, denn wie ich schon mehrmals beobachten konnte, kommen bei einem nochmaligen, späten Wintereinbruch alle Gimpel der Umgebung, um sich vor allem an den Knospen der Vogelkirschen schadlos zu halten. Dies wirkt sich dann eben an dem verhaltenen Blütenbehang des Baumes und, später, an der geringen Ernte aus.

Die Vogelkirschbäume unserer Wälder bringen für die Likörerzeugung praktisch gar nichts, da sich die Früchte in unerreichbaren Höhen befinden. Nur wenn Sie das Glück haben, dass eine alte Vogelkirsche als Einzelbaum bei einem Haus oder Stadel oder eventuell direkt am Waldsaum steht, können Sie mit erntebaren Früchten rechnen. Zuvor aber müssen Sie noch mit den Vögeln um die Ernte streiten, denn vor allem die Amseln und Eichelhäher fressen die ca. 1 cm großen Kirschen sehr gerne, leider meist schon, wenn sie erst halbreif sind. Daher dürfte auch der Name „Vogelkirsche" stammen.

VOGELKIRSCHLIKÖR

Er zählt zu den Königen der Fruchtliköre. Wie bei der Beschreibung des Baumes erwähnt, ist die Vogelkirschenernte ein Wettlauf gegen die Amseln und andere Vögel. Daher empfiehlt es sich, möglichst täglich den erreichbaren Teil des Baumes durchzupflücken, wobei es sich auch lohnt, noch nicht ganz reife Früchte zu nehmen. Vollreife Vogelkirschen sind dunkelrot und sehr süß; halbreife, noch hellrote Früchte haben aber ebenfalls schon ein sehr ausgeprägtes Aroma und bringen die für den Likör notwendige Säure mit.

Die entstielten, kalt gewaschenen Vogelkirschen kommen in ein großes, verschließbares Glas oder in eine große Flasche und werden mit

Korn übergossen (1½–2 l 38–42%iger Kornbrand je 1 l Früchte). Bei sehr reifen Früchten eher die größere Menge Korn nehmen! Da sich die Ernte auf bis zu 2 Wochen erstrecken kann, werden die Früchte immer nur mit Korn abgedeckt, und der Rest des Ansatzbrandes wird nach beendeter Ernte dazugegeben.

Zur Vollendung des Geschmacks geben Sie einige aufgeschlagene Vogelkirschkerne zum Ansatz und stellen Sie diesen 5–8 Wochen lang an einen hellen, warmen Ort.

Dann wird abgezogen und filtriert. Der Likör hat eine wunderschöne rote Farbe – wie ein guter, leichter Rotwein. Durch die Süße und das Aroma der Früchte und Kerne entwickelt sich ein herrlicher Geschmack, und es wäre schade, diesen durch Zusatz von Zucker oder Gewürzen zu verfälschen.

Wacholder
(Juniperus communis)

Der Wacholder gedeiht in allen Höhenlagen. Er wächst sehr langsam und kommt als Zwergstrauch im Gebirge genauso vor wie als ein bis zu 10 m hoher Baum in tieferen Lagen. Seine Nadeln sind sehr spitz und in dreizähligen Quirlen um den Trieb angeordnet.

Er blüht im Mai und Juni noch vor dem Austrieb der neuen Nadelgeneration. Die Früchte sind runde, ca. erbsengroße „Beerenzapfen", die zunächst grünlich, aber erst im zweiten Herbst ausreifen und dann dunkelbraunviolett und blau bereift werden. Ihre Ernte sollte im September oder Oktober erfolgen, obwohl sie auch noch länger am Strauch halten. Sie sind eine beliebte Nahrung für die Wacholderdrossel.

Die reifen Beeren werden in der Küche als Wild- und Speckgewürz verwendet; sie geben auch an so manchen Schnaps ihr gutes Aroma weiter.

Holz und Zweige des Wacholders verbreiten beim Verbrennen einen ganz typischen, angenehmen Geruch. Dies macht man sich beim Räuchern von Fleisch zunutze, aber auch beim Heißräuchern von Fischen verleiht ein in das Räucherfeuer geworfener Wacholderzweig erst den perfekten Geschmack.

In Park- und Grünanlagen wird Wacholder in den verschiedensten Zierformen gepflanzt.

Wacholdergeist

Die am besten im Herbst frisch gepflückten Wacholderbeeren werden auf ein Papier gegeben und 3–4 Tage lang an einem schattigen, aber luftigen Platz nachgetrocknet.

Die so behandelten Beeren kommen nun entweder im Ganzen oder in einem Mörser leicht zerstoßen in eine Flasche mit Korn. Die Menge ist von der gewünschten Geschmacksintensität abhängig (ca. 1 Handvoll auf 1 l Korn, 38 bis 42 %ig). Diese bleibt dann 4–5 Wochen an einem warmen Platz stehen. Zusätzlich können Sie auch einige Zweigspitzen in die Flasche geben.

Nach dem Filtrieren kommt der Wacholdergeist in den Keller, wo er einige Monate nachreifen sollte – je länger, desto besser!

WALDMEISTER
(Galium odoratum)

Der Waldmeister findet sich am häufigsten in Buchen- bzw. Buchenmischwäldern auf kalkhältigen Böden. Er wird bis ca. 20 cm hoch, hat etagenweise angeordnete Blattquirln mit 6–8 lanzettenförmigen Blättern und einen vierkantigen Stängel. Die reinweißen Blüten sind in sogenannten Trugdolden zusammengefasst und immer endständig. Den Forstleuten gilt der Waldmeister als Zeigerpflanze für einen guten Waldboden.

Vorsicht! Die Waldmeisterpflanze enthält Cumarin, das bei zu reichlichem Genuss zu Kopfschmerzen führen kann!

WALDMEISTERLIKÖR

Für die Bereitung von Waldmeisterlikör werden am besten Pflanzen genommen, deren Blüten noch nicht ganz offen sind. Von den einzelnen Pflanzen pflücken Sie nur die oberen zwei Blattetagen samt der Blütendolde!

Auf 1 l Ansatz (38 bis 42%ig) kommen ca. 15 Pflanzen. Das Gefäß mit dem Waldmeisterkraut und dem Korn wird für 2–3 Wochen an einen warmen, aber nicht sonnigen Platz gestellt. Danach wird filtriert. Zucker (Kandiszucker) muss je nach Geschmack zugegeben werden. Der Likör kommt für 2–3 Monate in den Keller, um auszureifen. Er entwickelt ein ganz typisches, zartes Aroma.

WALDMEISTERBOWLE

Aus Waldmeister wird auch die eigentliche Maibowle „gebraut". Die wie zuvor beschriebenen Pflanzenteile werden mit etwas Rum und wenig Kandiszucker 3–4 Stunden lang in einem Bowlegefäß angesetzt.

Dann wird der Ansatz knapp vor dem Servieren durch Aufgießen mit gutem, herbem Weißwein und/oder trockenem Sekt zur wohlschmeckenden „Maibowle" veredelt. Kühl servieren!

WEICHSEL oder SAUERKIRSCHE
(Prunus mahaleb)

Die Weichsel geht auf die Süßkirsche zurück; sie kommt bei uns – abgesehen von einigen verwilderten Bäumen – praktisch nur in Gärten und Obstplantagen als Kulturbaum vor. Es gibt verschiedene Zuchtformen, die sich nach Geschmack und Farbe der Früchte unterscheiden.

WEICHSELLIKÖR

Steht kein eigener Weichselbaum im Garten, so ist es kein Problem, die schönsten Weichseln im Obstgeschäft oder auf dem Markt zu bekommen. Den besten Weichsellikör (meinem Geschmack nach) ergeben die säuerlicheren Sorten, wie z. B. die Schattenmorelle. Das sind die eher roten, nicht ganz dunklen Weichseln. Ihr Geschmack ist nicht so kirschenähnlich wie jener der dunklen Sorten.

Die Früchte werden kalt gewaschen und zum Abtropfen in ein Sieb gegeben. Wenn sie nach dem Ansetzen weiterverarbeitet werden, sollten sie auf jeden Fall entkernt werden. Dazu gibt es ganz einfache praktische, kleine Handgeräte.

Die entkernten Weichseln kommen in ein verschließbares Glasgefäß und werden mit 2–2½ l 38–42%igem Korn pro Kilogramm Weichseln übergossen. Um den Geschmack noch feiner und interessanter zu gestalten, sollten Sie einige aufgeschlagene Weichselkerne dazugeben.

Das gut verschlossene Gefäß wird für 5–8 Wochen an einen warmen Ort im Haus gestellt. Einmal pro Woche sollte der Ansatz gut durchgeschüttelt werden.

Nach dieser Zeit wird er abgezogen und filtriert, in Flaschen abgefüllt und noch einige Wochen im Keller zum Nachreifen gelagert.

Sollten Sie einen süßeren Likör bevorzugen, dann geben Sie vor dem Abfüllen etwas Kandiszucker, in heißem Rotwein aufgelöst, nach seinem Erkalten zum Ansatz (pro 2 l Ansatz ca. ¼ l Rotwein). Der Rotwein macht den Geschmack noch etwas runder und samtiger.

Die vom Korn ausgelaugten Früchte schmecken sehr gut und weisen einen relativ hohen Alkoholgehalt auf. Sie

Weichsellikör

sind von fester Konsistenz. Es empfiehlt sich, die Früchte gleich weiterzuverarbeiten; sie halten sich aber auch in einem gut verschlossenen Glas an einem kühlen, dunklen Ort noch für längere Zeit.
Diese „Kornweichseln" eignen sich hervorragend zum Garnieren von Eis oder Mehlspeisen (aber nicht für Kinder!). Noch besser ist es, die Früchte mit einer Hülle aus Schokolade zu überziehen.

KORNWEICHSELN
140 g Zucker, 140 g Haselnüsse (gerieben), 60 g Schokolade (gerieben), 1 Eiklar, Kornweichseln und 50 g Schokolade (gerieben).

Zucker, Haselnüsse und Schokolade werden mit dem Eiklar zu einem Teig verarbeitet. Dieser wird zu einer Rolle geformt und in kleine Stücke geschnitten. In jedes dieser Stücke wird eine Kornweichsel gedrückt und daraus eine Kugel geformt, die anschließend in geriebener Schokolade gewälzt wird. Die Weichselkugeln kühl aufbewahren!

Sie sehen aus wie Rumkugeln, haben aber einen Weichsel-Korn-Geschmack. Sie werden genauso gern genossen wie der Likör.

KIRSCHLIKÖR
Kirschlikör wird genauso wie Weichsellikör bereitet. Auch in diesem Fall können die Früchte weiterverarbeitet werden. Sind die Kirschen sehr reif, sollten Sie etwas mehr Ansatzkorn pro Kilogramm Früchte verwenden (2–3 l 38 bis 42%igen Korn/kg Kirschen). Da dem Kirschlikör die Säure fehlt, sollten Sie dem Ansatz unbedingt einige aufgeschlagene Kerne beigeben. Er bekommt dadurch einen amarettoähnlichen Geschmack.

WEINRAUTE
(Ruta graveolens)

Sie ist eine nicht überall bekannte Heil- und Gewürzpflanze, die sich aber ganz einfach im Garten ziehen lässt. Nur die Beschaffung des Samens kann eventuell Probleme bereiten. Aber in besseren Samengeschäften müsste er erhältlich sein.

Die Weinraute hat kleine, zierliche Blätter von bläulich-grüner Färbung. Die ganze Pflanze duftet stark aromatisch. Sie liebt eher steinigen Boden, gedeiht aber in Gartenerde genausogut. Da sie etwas frostempfindlich ist, sollte sie über den Winter mit Reisig ein wenig abgedeckt werden.

Die Weinraute ist vor allem in den südlichen Ländern bekannt und wird z. B. in Italien oft zur Verfeinerung des Geschmackes von Grappa – des allseits bekannten Schnapses, der aus den Weintrestern gebrannt wird – verwendet.

WEINRAUTENGEIST

Zum Ansetzen in Korn werden nur die Blütenköpfchen verwendet (auf 1 l Ansatzkorn (38 bis 42%ig) ca. 3 Handvoll Blüten). Der Ansatz wird in einem geschlossenen Gefäß für ca. 5–6 Wochen an einem warmen Ort aufgestellt. Dann wird filtriert und verkostet. Der Himmelschlüsselgeist verlangt aber nach Zucker. Er hat einen sehr milden Geschmack.

WEISSDORN
(Crataegus monogyna)

Der Weißdorn wächst praktisch überall – von der Au bis in eine Seehöhe von ca. 1.000 m. Da er das Schneiden sehr gut verträgt und außerdem, wie sein Name schon besagt, dornenbewehrt ist, wird er auch gerne als Hecke gepflanzt.

Seine schönen weißen bis leicht rosa Blüten leuchten im späten Frühjahr von den Waldrändern und in den Gebüschdickichten. Die Früchte sind rot und in ihrer Anordnung ähnlich den Hagebutten, aber nur etwa halb so groß.

In der Medizin – vor allem in der Homöopathie – wird der Weißdorn als Herzmittel verwendet.

WEISSDORNLIKÖR
Diesen Likör anzusetzen, ist etwas mühsam, denn es werden dazu 1–2 Handvoll Blütenblätter benötigt. Entweder Sie schneiden sich ganze Blütentrauben ab und zupfen dann die Blütenblätter aus, oder Sie warten, bis der Weißdorn im Verblühen ist und seine Blütenblätter freiwillig herausrückt.

Wenn die Blütenblätter zu fallen beginnen, so ist es am besten, ganze Äste über einem ausgebreiteten Tuch zu schütteln. So lassen sich die Blütenblätter leichter sammeln. Noch einfacher ist es freilich, die Blütenblätter als getrocknete Ware in der nächsten Apotheke zu kaufen. Ganze Blüten sollten jedoch nicht verwendet werden, da der Likör sonst bitter wird.

Die Blütenblätter werden in eine Flasche gegeben, mit etwas Zucker bestreut und mit ½ l Cognac oder Weinbrand übergossen. Dann die Flasche für 3 Monate an einen warmen, aber nicht sonnigen Platz stellen. Der Ansatz muss ganz dunkelbraun werden. Nach dem Abseihen oder Filtrieren muss der Likör noch etwas gelagert werden.

Die abgeseihten Blütenblätter können noch für einen zweiten Ansatz verwendet werden, der genauso wie der erste durchgeführt wird.

WEISSDORNLIKÖR AUS FRÜCHTEN
Dazu werden die mehligen, schön roten Früchte, die zwischen Mitte September und November reifen, benötigt. Man gibt ca. ¼ l Früchte in 1 l 40%igen Ansatzkorn und stellt das Ansatzgefäß für 8–10 Wochen an einen warmen Ort. Öfter schütteln! Danach wird filtriert und verkostet. Der Ansatz schmeckt fruchtig-herb und besitzt eine rötlich-braune Färbung. Je nach Geschmack mit braunem Kandiszucker süßen.

Der Weißdornansatz eignet sich auch recht gut als Bestandteil von Bitterlikören.

BIRNE
(Kulturbirne – *Pirus communis*)

Wie beim Apfel gibt es auch bei der Birne Wildformen, deren Verbreitungsgebiet in Europa (Holzbirne, Lederoder Schneebirne) und in Asien (Chinesische oder Ussurische Birne) liegt.

Die Birne wird nicht so häufig gepflanzt wie der Apfel, da sie eine geringe Haltbarkeit besitzt und damit nur begrenzt lagerfähig ist.

In Österreich weitverbreitet sind die Mostbirnen, deren wuchtige Baumkronen viele Landschaften prägen.

Die verschiedenen Speisebirnen eignen sich auch vorzüglich für Spaliere, die an Hausmauern gezogen werden.

WILLIAMSBIRNE IN DER FLASCHE

Die Williamsbirne ist eine Sorte, die sich ihren guten Namen nicht nur wegen des hervorragenden Geschmacks der Früchte, sondern auch wegen des ebenso hervorragenden Geschmacks und Duftes der „geistigen Getränke", die aus ihr gewonnen werden, erworben hat.

Bekanntestes Beispiel davon ist der Williamsbirnenbrand. Er wird in Großbrennereien, aber meist – noch besser – in bäuerlichen Hausbrennereien hergestellt und zählt zu den edelsten Obstschnäpsen.

Auch wenn Sie kein Recht zum Brennen besitzen, gibt es doch eine Möglichkeit, den Duft und das besondere Aroma samt der ganzen Williamsbirne dauerhaft zu konservieren. Dies gelingt, indem Sie eine Birne in eine Flasche einwachsen lassen.

Vielleicht werden Sie sich schon gefragt haben: Wie gelangt denn eine ganze, unversehrte Birne durch den engen Hals einer Flasche?

Ganz einfach: Die Birne wächst und reift in der Flasche. Dies funktioniert folgendermaßen:

Vorbereitung

Zunächst benötigen Sie bauchige Flaschen aus Weißglas, die einen etwas weiteren, aber vor allem kurzen Hals haben müssen. In jedem Geschirroder Glaswarengeschäft gibt es meist eine größere Auswahl von Flaschen zu kaufen, die für unser Vorhaben geeignet sind. Für den Anfänger empfiehlt es sich, die Flaschen mit einem eckigen, eher quadratischen Querschnitt zu nehmen, denn diese lassen sich etwas einfacher befestigen als runde und/oder bauchige. Für das Fixieren der Flaschen wird ein biegsamer, wenn möglich mit Kunststoff überzogener Draht benötigt, denn dieser hält an der Flasche besser als ein blanker. Zur Befestigung der

Flasche können auch starke Gummibänder, Schnüre oder Netze verwendet werden. Das verwendete Material zum Anbinden muss aber auf alle Fälle witterungs- und UV-strahlungsbeständig sein, denn es soll für 3–4 Monate gut halten. Klebebänder eignen sich nicht, da sie nicht so lange widerstandsfähig sind. Für den ersten Halt der Flasche – damit sie dann weiter befestigt werden kann – leisten sie jedoch gute Dienste.

Damit haben Sie bereits die wichtigsten Vorbereitungen getroffen.

Die Auswahl der Früchte
Nachdem der Birnbaum geblüht hat – und nach der Befruchtung der einzelnen Blüten durch Insekten (Bienen und Hummeln) – beginnen die vorerst winzigen Birnen zu wachsen. Auf einem Fruchtästchen befinden sich fast immer mehrere Birnen, die sich meist unterschiedlich stark entwickeln. Ungefähr 14 Tage nach dem Verblühen ist schon zu erkennen, welche Früchte sich besonders gut entwickeln und welche eher kümmerlich durchkommen.

Sind die Birnen nunmehr so groß, dass sie gerade noch durch den Flaschenhals passen, dann beginnt die schwierigste Arbeit, von deren sorgfältiger Durchführung es hauptsächlich abhängt, ob sich Erfolg oder Misserfolg einstellen werden.

Das Aufbinden der Flaschen
Die Bäume, an denen die Flaschen angebracht werden, sollten nicht zu hoch sein. Am besten eignen sich jene, die als Spalier an der Hauswand, an Holzgestellen oder auf Draht gezogen werden.

Suchen Sie Stellen, an denen eine Flasche mit Draht, Schnur oder Gummiband befestigt werden kann und an denen sich eine gut entwickelte Birne so nahe befindet, dass sie zur Gänze in den Flaschenhals hineingebunden werden kann. Bewährt haben sich auch Netze, in denen die Flaschen aufgehängt werden.

Am besten wird es sein, die Flasche an der Wand, am Spanndraht oder Holzgestell zu befestigen, denn an den Ästen selbst wäre dies noch viel schwieriger. Dabei ist zu bedenken, dass die Flasche nun 3–4 Monate lang auch bei stürmischem Wetter so halten muss, dass sie gemeinsam mit der Birne hin und her schwanken kann, denn sonst würde letztere abgerissen werden. Die Flaschenöffnung sollte dabei nach unten schauen, damit es nicht hineinregnen und das sich bildende Kondenswasser gut abfließen kann.

Ist die Flasche befestigt, wird das Ästchen, an dem die kleine Birne hängt, so gebogen, dass sie so weit wie möglich in die Flasche hineinreicht. Es empfiehlt sich, zuvor die anderen Früchte, die am gleichen Ästchen sitzen, zu entfernen und nur die eine, große, stehen zu lassen.

Damit die nun in die Flasche reichende Birne nicht wieder herausschlüpfen kann, ist es notwendig, das Ästchen mittels einer Schnur oder eines Drahtes an der Flasche zu fixieren. Die Blätter des Fruchtholzes sollten nicht in den Flaschenhals hineinragen.

Ab diesem Zeitpunkt muss das Wachstum der Birnen genau beobachtet werden.

Besonderes Augenmerk ist darauf zu legen, dass sich die Birnen im Flaschenhals nicht festwachsen. Eine einmal festgewachsene Birne ist – ohne sie zu verletzen oder gar zu zerstören – nicht mehr freizubekommen. Daher muss besonders darauf geachtet werden, dass die Birne immer weit genug in die Flasche hineinragt.

Ernte

Ende August oder Anfang September, wenn die Birnen schon fast reif sind, wird die Flasche mitsamt der Birne vorsichtig „geerntet", wobei der Fruchtstiel (Stängel) an der Birne bleiben soll.

Die Früchte sollten zwar schon reif, aber doch noch fest und grün sein, denn weiche Birnen werden im Ansatz nach längerer Lagerdauer unansehnlich. Unreife Früchte halten zwar besser, werden aber nie ein so gutes Aroma entwickeln. Der richtige Erntezeitpunkt ist somit überaus wichtig!

Nach der Ernte wird die Flasche mitsamt der Birne innen und außen mit kaltem Wasser gut gereinigt. Dabei ist darauf zu achten, dass mit der Birne vorsichtig umgegangen wird, damit sich keine Stoßstellen bilden. Sehr behilflich ist dabei eine Flaschenbürste.

Nach dem Austropfen wird die Flasche mit gutem Kornbrand, der ca. 38–42%igen Alkohol enthalten soll, gefüllt

und anschließend gut verschlossen. Die – möglichst mit Wachs versiegelten – Flaschen kommen dann in den dunklen Keller, wo sie wenigstens ½ Jahr lang stehend aufbewahrt werden.

Der Ansatz bekommt im Laufe der Zeit eine schöne bräunlichgelbe Färbung; die Birne dunkelt ebenfalls nach und verfärbt sich braun. Soll die Birne grün bleiben, so muss sie gleich bei der Ernte, nach dem Waschen, in der Flasche mit Säure behandelt werden (z. B. Ascorbinsäure), damit ihre Schale konserviert wird. Dies wird vor allem dann gemacht, wenn die Williamsbirne im größeren Stil vermarktet werden soll. Hier wird die Birne auch nicht in Korn, sondern in Williamsbrand angesetzt und soll dabei durch die Originalität den Verkaufswert steigern. Ein angenehmer Nebeneffekt entsteht durch die Abrundung des Geschmacks des Williamsbrandes.

Ich persönlich bin der Meinung, dass sich die Birne ruhig bräunlich verfärben und damit dem Ansatz eine eigene Farbe verleihen darf. Sie sieht dann zwar nicht ganz so schön aus, doch bekommt der Ansatz einen unvergleichlich besseren Geschmack.

Derartige „Flaschenbirnen" schmecken nicht nur ganz vorzüglich, sondern stellen auch ein sehr begehrtes und originelles Geschenk dar!

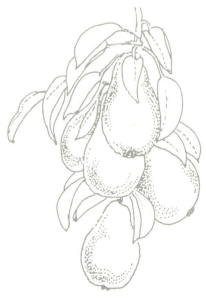

ZIRBE oder ARVE
(Pinus cembra)

Die Zirbe ist eine Untergattung der Kiefer, die nur im alpinen Bereich wächst. Sie kommt hauptsächlich auf Urgesteinsböden vor, findet sich aber auch in den Kalkalpen (z. B. Dachsteingebiet). Sie kann bestandsbildend sein und bringt dann sehr schöne, lichte Wälder hervor. Frei stehend, erfreut sie uns durch ihren urigen, oft stark verzweigten Wuchs. Auch ein botanischer Laie wird sie sehr leicht erkennen, da sie der einzige heimische Nadelbaum mit einem Nadelbüschel von fünf Nadeln ist. Die Nadeln sind auch länger als jene der Föhre. Als Fruchtkörper entwickelt die Zirbe dicke, eiförmige Zapfen, die bis zu 8 cm lang werden können. Sie sind anfangs grün, später blauviolett bereift und vor dem Abfallen bräunlich. In den Zapfen sitzen die Samen, die sogenannten „Zirbelnüsse". Sie werden sehr gerne von verschiedenen Vogelarten gefressen, sind aber auch für den menschlichen Genuss geeignet.

Oft werden die noch unreifen violetten Zapfen besonders von Tannenhähern angepeckt und fallen ab. Diese Zapfen sind sehr gut für die Zirbengeistbereitung geeignet, soferne sie nicht zu lange liegen blieben und schon schimmelig sind. Bei Wanderungen in der Zirbenregion ist es ratsam, ein Säckchen mitzunehmen und die schönsten Zirbenzapfen einzusammeln.

ZIRBENGEIST

Für die Bereitung des sehr beliebten Zirbengeistes benötigen Sie zumindest einige Zirbenzapfen, die Sie sich am ehesten beim Bergwandern beschaffen können.

Die Zirbenzapfen, die noch eine violette Färbung aufweisen sollten, werden von anhaftendem Schmutz und Nadeln gereinigt. Da sie sehr harzreich sind, kann dies eine sehr mühsame und langwierige Prozedur sein. Die nun sauberen Zapfen werden zerschnitten, in ein großes Einweckglas gegeben und mit wenig Kristallzucker bestreut. So bleibt das Glas einen Tag lang stehen. Am nächsten Tag werden die Zapfenstücke gut mit Korn (38 bis 42%ig) bedeckt. **Vorsicht:** Der Geschmack richtet sich sehr stark nach dem Reifegrad der Zapfen – je reifer, desto schärfer und bitterer! Der Ansatz wird in einem verschlossenen Glas an einem

warmen und sonnigen Ort für 5–6 Wochen aufgestellt. Dann wird gefiltert und verkostet. Der Ansatz kann nachgesüßt oder, bei zu intensivem Geschmack, mit Korn verdünnt werden. Wenn Sie den reinen Geschmack nach Zirbenharz nicht so recht gustieren, können Sie den Ansatz noch mit diversen Gewürzen, wie Sternanis, Koriander oder Ingwer, abrunden.

Am besten schmeckt der Zirbengeist dort, woher die Zirbenzapfen kommen – nämlich beim Bergwandern oder bei der Hüttenrast!

ZWETSCHKE
(Prunus domestica)

Sie ist bei uns ein allgemein bekannter und beliebter Obstbaum. Es gibt viele Sorten, die nach ihrer Reifezeit unterschieden werden. So reifen frühe Sorten schon Ende Juli – Anfang August, spätreife aber erst im September/Oktober. Die Erträge können von Jahr zu Jahr sehr stark schwanken. Gibt es ein zwetschkenreiches Jahr, in dem sich die Äste der Bäume unter ihrer blauen, schön bereiften Last tief herabbiegen, dann wird dieses Übermaß an Früchten in Form von Zwetschkenbrand, Kompott oder Powidl (Zwetschkenmarmelade) verwertet und haltbar gemacht.

ZWETSCHKENLIKÖR

Wer kein Brennrecht besitzt, aber den hervorragenden Geschmack der reifen Zwetschken dennoch erhalten will, kann die voll ausgereiften, süßen Früchte auch in Korn ansetzen. Dazu gibt man die halbierten, entkernten Früchte in ein Ansatzgefäß und übergießt sie mit Kornbrand; pro 1 kg Früchte ca. 2 l Korn (40%ig). Der Ansatz wird für 6–8 Wochen warm aufgestellt, öfter geschüttelt, dann filtriert und auf Flaschen abgezogen. Keinen Zucker verwenden, da die Früchte süß genug sind! Der Likör sollte im Keller nachreifen. Die alkoholgetränkten Früchte lassen sich noch gut für den Rumtopf, für eine Zwetschkenwurst oder für Früchtebrot verwenden.

ZWETSCHKENLIKÖR AUS DÖRRPFLAUMEN

Dörrzwetschken oder -pflaumen werden in Korn angesetzt, und zwar 1 kg Dörrzwetschken auf ca. 2½ l Kornbrand (38 bis 42%ig). Das Ansatzgefäß wird ca. 6 Wochen an einen warmen Ort gestellt, öfter durchgeschüttelt oder umgerührt. Der Ansatz bekommt eine schöne braune Farbe. Nach der Auslaugzeit filtrieren, in Flaschen umfüllen und im Keller etwas nachreifen lassen.

Dörrpflaumen können auch für andere Ansätze zum Süßen verwendet werden (z. B. für Kümmellikör), dafür sollten aber nur wenige Früchte genommen werden.

Zwetschkenlikör

„Klassiker"

Zum Abschluss des Rezeptteiles möchte ich die Rezepte von neun „klassischen" Likören bringen. Die benötigten Zutaten können Sie zwar hierzulande nicht, wie bei den zuvor beschriebenen Likören, im „Grünen" selber pflücken, aber sie sind in jedem Haushalt vorhanden.

EIERCOGNAC

Für seine Bereitung werden ½ l Milch, 120 g Zucker und 4 Eidotter (Eigelb) so lange mit dem Schneebesen geschlagen, bis sich der Zucker vollständig aufgelöst hat. Anschließend wird das Ganze unter ständigem Umrühren im Kochtopf erhitzt, bis die Masse einmal aufkocht. Dann muss der Topf sofort vom Herd genommen werden. Unter ständigem Umrühren wird bis auf „lauwarm" abgekühlt. Jetzt werden eine Vanilleschote, ⅛ l 96%iger Alkohol und ⅛ l Cognac oder Weinbrand dazugegeben und gut durchgerührt. Anschließend wird der Eiercognac durch ein Plastiksieb und einen Trichter in Flaschen abgefüllt. Diese werden sorgfältig verschlossen, gut durchgeschüttelt und mindestens 4 Wochen lang im kühlen, dunklen Keller zum Reifen aufbewahrt.

Einmal angebrochene Flaschen sollten rasch verbraucht werden!

EIERLIKÖR

Ein etwas anderes Rezept, bei dem statt des Alkohols und des Cognacs Obstbrand verwendet wird:

4–5 Eidotter werden mit 200 g Zucker sowie einem Päckchen Vanillezucker vermischt und mit dem Schneebesen schaumig gerührt. Unterdessen werden ⅝ l Milch mit 100 g Zucker ca. 10 Minuten lang gekocht. Nach dem Abkühlen wird die Milch mit der schaumig geschlagenen Masse vermischt. Dazu kommen ⅜ l starker, sehr guter Obstbrand, der ebenfalls ordentlich eingerührt wird.

Der Likör sollte schön dick und cremig sein!

Nach dem Abfüllen in Flaschen wird er einige Zeit im Keller gelagert.

KAFFEELIKÖR

Für die Bereitung dieses Likörs werden 50 g sehr fein geriebene Kaffeebohnen in ⅜ l Wasser kurz aufgekocht und dann für 10 Minuten ziehen gelassen. Erst anschließend wird filtriert.

In einen weiteren ¼ l Wasser kommen ein halbes Päckchen Vanillezucker und 200 g Kristallzucker. Diese Lösung wird ebenfalls erhitzt und ein wenig eingekocht.

Nachdem beide Lösungen abgekühlt sind, werden sie vermischt. Dazu kommt noch ¼ l 96%iger Alkohol.

Nach gutem Durchrühren des Likörs wird er in Flaschen abgefüllt und anschließend im Keller gelagert. Die Reifezeit muss mindestens 1 Monat dauern!

BIERLIKÖR

Dieser etwas ausgefallene und nicht überall bekannte Likör stammt – wie könnte es anders sein? – aus Bayern.

Für seine Zubereitung wird der Inhalt von 2 Flaschen Bockbier in ein emailliertes Kochgeschirr gegossen. Dazu kommen ca. 150–350 g Kristallzucker, der gut eingerührt wird, 1 aufgeschlitzte Vanilleschote, ½ Zimtstange und 5 Gewürznelken.

Der Ansatz wird schonend zum Kochen gebracht und sollte dann ca. ¼ Stunde lang köcheln.

Nachdem das „Gebräu" vom Herd genommen wurde, sollte es noch ca. 1 Stunde lang ziehen. Dann wird durch ein Tuch abgeseiht und nochmals bis knapp unter den Siedepunkt erhitzt.

Erst jetzt kommt der 96%ige Alkohol (ca. ⅝ l) dazu. Anschließend wird rasch in Flaschen abgefüllt. Diese sollten für mindestens 3 Monate im Keller nachreifen können!

ROTWEINLIKÖR

1 l Rotwein
½ l Rum (38%ig)
⅛ l Weingeist
100 g Staubzucker
1 Vanilleschote
ein wenig Orangenschale (nicht behandelt)

Den Rotwein in ein Gefäß gießen, den Staubzucker zugeben und so lange rühren, bis er sich vollständig aufgelöst hat. Dann die Vanilleschote der Länge nach aufschneiden und dem Wein gemeinsam mit der ganz dünn abgeschnittenen Orangenschale beigeben. Anschließend Rum und Weingeist dazugießen. Das Ganze in ein gut verschließbares Ansatzgefäß, am besten in eine große Flasche, abfüllen. Gut durchschütteln und ca. 4 – 5 Wochen lang stehen lassen. Das Stück Orangenschale sollte aber schon nach 2–3 Tagen herausgenommen werden, damit der Orangengeschmack nicht zu stark hervor kommt! Nach Ablauf der Ansatzzeit durch ein Plastiksieb gießen und in Flaschen abfüllen.

Dieses Rezept enthält absichtlich wenig Zucker. Wer es gerne süßer liebt, kann bis zum 3-fachen der angegebenen Menge Staubzucker verwenden, aber bitte nicht mehr! Die meisten Rotweinliköre haben nämlich den Fehler, nur mehr süß und nicht mehr nach den Zutaten zu schmecken.

Kaffeelikör

SCHLAGOBERSLIKÖR (SAHNELIKÖR)

⅜ l Schlagobers
⅛ l Milch
½ Päckchen Vanillezucker
100 g Kristallzucker
⅛ l Kaffee
⅛ l brauner Rum (38%ig)
⅛ l Weingeist (96%ig)

Schlagobers, Milch, Vanille- und Kristallzucker in einem Topf erhitzen (Abb. 1) und einmal aufkochen, dann erkalten lassen. ⅛ l Bohnenkaffee bereiten und ebenfalls auskühlen lassen. Die ausgekühlten Flüssigkeiten zusammengießen, dann den Rum und den Weingeist zugeben (Abb. 2) und in eine Flasche füllen (Abb. 3). Gut durchschütteln!

Der Likör ist sofort trinkbar, nach einigen Tagen kühler Lagerung gewinnt er aber an Geschmack. Vor dem Einschenken die Flasche immer gut schütteln!

SCHOKOLADENLIKÖR
½ l Milch
150 g Schokolade
2 Esslöffel Kakao
160 g Staubzucker
1 Päckchen Vanillezucker
¼ l Weingeist (96%ig)

Die Schokolade raspeln, in der Milch gemeinsam mit dem Staubzucker, dem Kakao und dem Vanillezucker unter ständigem Rühren erhitzen und ca. 10 Minuten köcheln lassen.
Nach dem Erkalten den Weingeist zugeben und gut einrühren.
Anschließend in Flaschen füllen und einige Zeit im Keller nachreifen lassen.

ZITRONENLIKÖR
1 große Zitrone (unbehandelt)
¼ l Weingeist (96%ig)
½ l Wasser
250 g Kristallzucker

Die Zitrone gut unter warmem Wasser waschen, abtrocknen und anschließend mit einem festen Bindfaden oder Spagat so umwickeln, dass sie wie in einem Netz hängt. Die beiden Bindfadenenden sollten aber noch mindestens 20 cm lang frei abstehen.
Der Weingeist wird in ein größeres Glas mit Schraubverschluss geschüttet und anschließend die vorpräparierte Zitrone ganz knapp über die Alkoholoberfläche gehängt. Dazu hält man die beiden Fadenenden über den Glasrand und fixiert sie durch das Aufsetzen und Zuschrauben des Deckels. Das Glas wird für ca. 3 – 4 Wochen an einen warmen Ort gestellt.

Nach dem Entfernen der nun unansehnlich gewordenen Zitrone wird der Zucker im Wasser aufgekocht (auf ursprüngliches Volumen einkochen lassen!) und nach dem Erkalten dem hellgelben Ansatz beigegeben.
Wer eine weißliche Trübung des Likörs vermeiden will, sollte dazu destilliertes Wasser verwenden. Der ganz hervorragend schmeckende Likör ist damit trinkfertig, dankt aber eine Lagerung im Keller mit noch besserer Geschmacksentfaltung.

Orangenlikör

1 Orange (vollreif, groß, unbehandelt)
½ l Weingeist (96%ig)
0,7 – 1 l Zuckerwasser (mit destilliertem Wasser bereitet)

Der Weingeist wird in das Glas gegossen und die gut gewaschene Orange mit einem Bindfaden, den man kreuzweise um die Frucht führt und verknotet, wie in einem Netz ganz knapp (ca. ½ cm) über der Oberfläche des Weingeistes auf-
gehängt. Am besten funktioniert dies, nachdem man die Enden der Fäden, die man unter dem Schraubdeckel des Gefäßes heraushängen lässt, mit dem Deckel festklemmt. Dabei empfiehlt sich die Hilfe einer zweiten Person. Die Frucht sollte den Alkohol nicht berühren. Wurde die Orange so befestigt, stellt man das Glas an einen warmen Ort und belässt es dort 3 – 4 Wochen lang. Nach dieser Zeit wird die Orange herausgenommen, der nun schön gelb gewordene Weingeist mit 0,7 – 1 l Zuckerwasser vermischt und in Flaschen abgefüllt. Das ergibt bei 0,7 l Zugabe einen Cirka-Alkoholgehalt von 40 %, und bei Zugabe von 1,0 l einen Alkoholgehalt von ca. 32 %. Das Zuckerwasser sollte aus destilliertem oder zumindest abgekochtem Wasser bereitet werden, damit möglichst keine Trübungen entstehen. Die Zuckerzugabe richtet sich je nach dem angestrebten Süßigkeitsgrad. Ich gebe auf 1 l Wasser 500 g Kristallzucker und lasse wieder auf das ursprüngliche Wasservolumen einkochen. Erst das erkaltete Zuckerwasser beigeben. Dieser Likör wird bei längerer Lagerzeit immer besser (wenn man ihm die Chance lässt!)

Orangenlikör

Wer Freunde hat, hat auch Likör!
(frei nach Wilhelm Busch)

Lieber Leser, liebe Leserin!

Sollten Sie mit einigen der in diesem Buch angeführten Ansatzschnäpse oder -liköre nicht zufrieden sein, so wollen Sie bitte bedenken: „Geschmäcker sind verschieden!" Was dem einen gut schmeckt, muss dem anderen noch lange nicht munden.
Eines darf ich Ihnen zum Abschluss versichern: Mancher Ansatzschnaps oder Wein, der – weil er nicht geschmeckt hat – einige Jahre im finstersten Eck des Kellers ein „Schattendasein" verbringen musste, entpuppte sich bei nochmaliger Verkostung als Spezialität par excellence…

Literaturverzeichnis

AMTSBLATT der Europäischen Gemeinschaft, Verordnung (EWG) Nr. 1576/89 zur Feststellung der allgemeinen Regeln für die Begriffsbestimmung, Bezeichnung und Aufmachung von Spirituosen

Das österreichische Weingesetz 1993, Novelle 1995

FLATNITZER I.: Obst und Gemüse auf Vorrat, Leopold Stocker Verlag, Graz–Stuttgart 1978

FOSSEL, KERN, ZECHA: Bäume und Sträucher unserer Heimat, Leopold Stocker Verlag, Graz–Stuttgart 1987

KEPPEL H., PIEBER K., WEISS J., HIEBLER A.: Obstbau, Leopold Stocker Verlag, Graz–Stuttgart 1991

LEBENSMITTELKENNZEICHNUNGSVERORDNUNG 1993 (BGBl 72/93)

LEHARI Elisabeth: Beeren-, Frucht- und Kräuterweine, Leopold Stocker Verlag, Graz – Stuttgart, 3. Auflage 2004

LORENZ F., MAYER B.: Österreichisches Lebensmittelbuch, Kapitel B 23, Spirituosen, kommentierte Ausgabe 1994, Fachzeitschriftenverlag Wien

ROTHMALER W.: Exkursionsflora, Volk und Wissen, Berlin 1976

VÖTSCH J.: Obstsäfte, Leopold Stocker Verlag, Graz–Stuttgart 1995

Paradies für Selbermacher –
Nix gibt's, wås net gibt

... und das ist Ihr Ansatz & Schnaps!

Messgeräte • Flaschen • Gärzubehör • Reinzuchthefen • Von kleinst bis ganz groß!

www.holzeis.com

holzeis Kellereibedarf GmbH
Versand & Detail & Kurse
Aussermanzing 28 | 3033 Altlengbach | Tel +43 2774 20470

MOSTSHOP
1. OÖ MOSTSHOP
Ihr Fachgeschäft für Ihre Schnaps und Likörproduktion

- Flaschen
- Verschlüsse
- Verpackungen
- Pressen
- Filter
- Seminare
- Erfahrungsaustausch
- Mostambulanz
- Täglicher Versand

M. Maurer GmbH
1.OÖ Mostshop . Kataloganforderung unter Tel.: +43 (0) 7242/46 35 4
Laahener Straße 72 . 4600 Wels . www.mostshop.at . office@mostshop.at

---

Saft und Wein selber machen, Bier brauen, Liköre ansetzen und Schaumwein sprudeln lassen ...

Wir liefern Ihnen alles, was Sie dazu brauchen nach Hause:
- Weinhefen • Geräte • Behälter
- Behandlungsmittel • Käsereibedarf
- Weingeist • viele Rezepte und Bücher.

Im Rahmen unseres Reform-Programmes bieten wir Ihnen Gewürze, Tees, Kräuter und Salben an.

Bitte Gratisinfo anfordern!

VIERKA, Friedrich Sauer
Weinhefezuchtanstalt
Postfach 1328
D-97628 Bad Königshofen
Tel. 0049/(0) 9761/9188-0
Fax 0049/(0) 9761/9188-44
www.vierka.de,
mail@vierka.de

Der gute Weingeist